はじめてでも

美味しく作れる

ロシア料理

Блюда русской кухни,
которые можно
приготовить вкусно
с первого же раза

ヴィタリ・ユシュマノフ

Виталий Юшманов

世界文化社

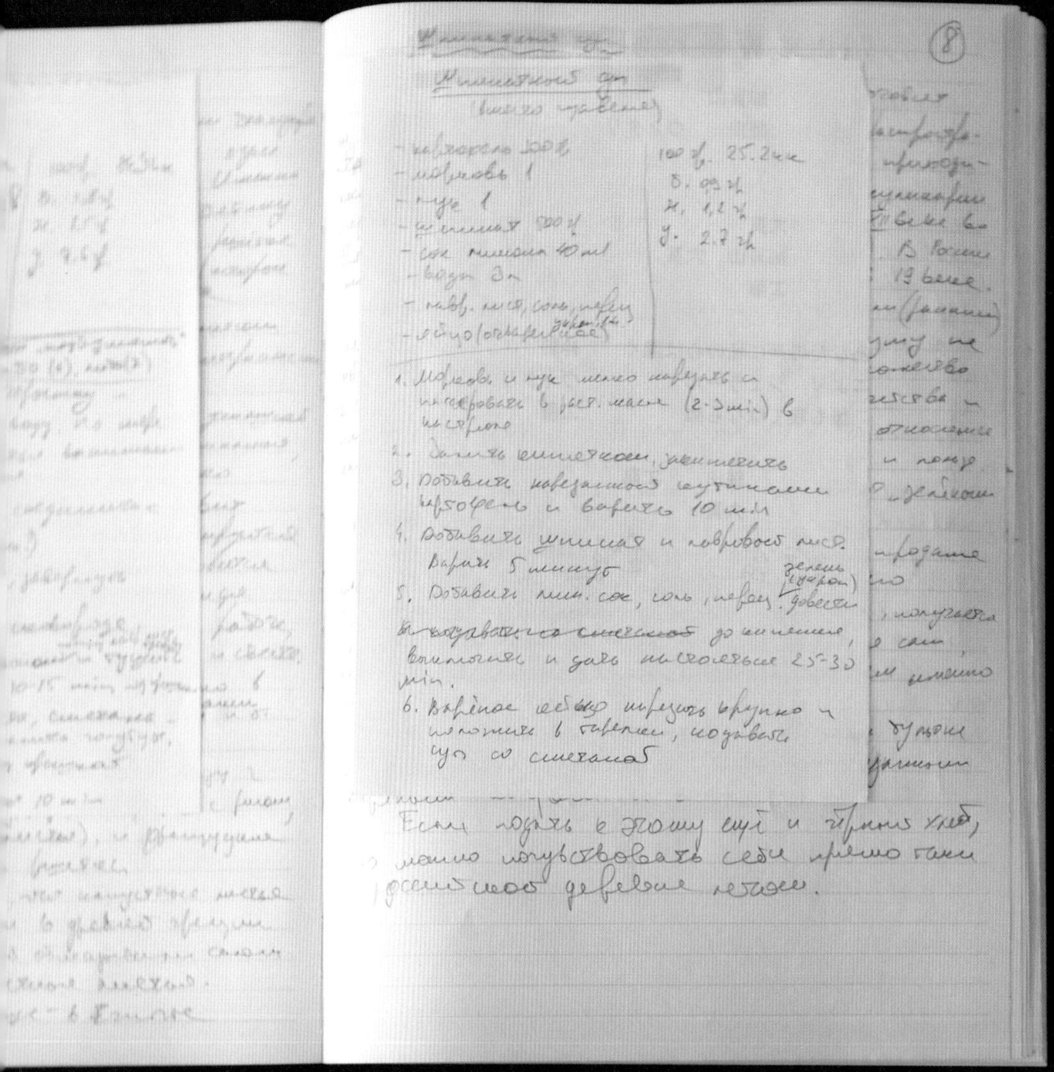

15年来、書きためたレシピノート。

はじめに

この本を手に取ってくださり、誠にありがとうございます。
私はヴィタリ・ユシュマノフと申します。
ソビエト連邦のレニングラードに生まれて、ロシアのサンクトペテルブルクの人です。
不思議ですが、同じ町です。もう7年近く前から日本に住んでいます。
ロシアでは今も、家庭料理の習慣が根強いです。
私も子供のころから美食法、料理法に興味を持ち、料理を作ることが大好きです。
作ったことがないレシピを探すこと、新しいレシピを編み出すことが好きです。
料理をするということは、心的なセラピー効果もあります。
そして誰かのために料理をすること。
家族や、親しい友人を集めて、新しい料理で喜ばせたい。
そんな気持ちも、料理する私を後押ししてくれます。
自分の料理をみんなが美味しそうに食べてくれると、心底嬉しくなります。
日本ではボルシチとピロシキは大人気ですが、
数あるロシア料理の中の、ほんのひと握りにすぎません。
残念ですね。もったいない！
初めて作るかたもガッカリしないように、特別なスキルのいらない44のレシピを選びました。
スーパーマーケットで普通に売っている材料で作れます。
よく知られている料理も、あまり知られていない料理も、なにとぞお楽しみくださいませ。
この本の料理が、ロシア人の生活と日常の世界への扉となりますように。
そしてこの本のレシピで、食卓がバラエティ豊かになり、
皆さんの生活の中にひとかけの幸せを加えることができますように。
では、ご一緒に作りましょう！

メッセージ動画は
こちら！

〝美味しい！〟が詰まったロシア料理のなりたち——進化は歴史とともに——

ロシア料理は千年以上の長い道のりを辿り、変化してきました。
とくに直近の100年間の社会的な激動、都市部の大衆化、
革命、戦争などの影響により、著しい変化を遂げました。
まずはロシア料理の変遷について、順を追ってお話をしていきたいと思います。

ストーブは欠かせない調理器具

古来、スラヴ系の民族は穀物、野菜を作り、きのこ狩り、魚釣り、狩猟、養鶏や牧畜などで、生計を立てていました。

寒冷な気候のため、暖房器具が欠かせず、各家庭には必ずストーブがありました。ストーブでは料理を作ることもできましたし、ストーブの上には人が寝られるスペースがありました。

家庭料理を作るうえで、自ずとストーブが大きな役割を担うこととなり、ライ麦パン、ピロークやピロシキを焼いたり、煮込み料理などが主流となりました。当時は、現代ロシアと違い、フライパンを使って焼いたり揚げたりすることは、一般的ではありませんでした。ストーブを使って作られた料理は、脂分が逃げず、エキスが多く、やさしい味の料理ばかりでした。

食卓にはいつもパンとスープ、そばの実

ロシアでは、パンはいつも主食でした。田舎のほうでは、スープと一緒に、一家族あたり一食に1キロほどの黒パンが食べられていたそうです。白パンは貴重なものであり、祝宴のパンとして食べられていました。20世紀の初めまでは、街のお金持ちの食べ物として考えられていました。

スープについては、ロシアでは昔から食べられており、フォークが卓上に登場する400年前からスプーンが使用されてきました。「スープ」という名前で広く普及したのは、18世紀からと考えられています。

もう一つの大事な料理のグループは、粥(カーシャ)です(元来は儀式用の料理でした)。今も大人気のそばの実は、10世紀に水上交易路のヴァリャーグからギリシャの道を通り、ビザンティウム(現イスタンブール)からロシアに伝わりました。コリアンダー、ローリエ、ブラックペッパーなどのスパイスも、ビザンティウムからロシアに伝わったものです。

魚料理は発展、肉・乳製品はシンプルな扱い

ロシアの最初の君主たちはヴァリャーグ(スカンジナヴィアの民族)で、北ヨーロッパの文化もロシアに影響を与えました。その影響として、川魚だけでなく海水魚も料理に使われるようになりました。北の海にもロシアの川にも、いつも豊富に魚が生息しており、魚料理は大いに発展していきました。イクラも大人気の食材でした。

肉や乳製品などを食べることはあまりなく、調理方法もシンプルでした。基本的にはスープや粥などで、ゆでた肉を食べることが主流でした。

乳製品については、常温のまま、あるいは軽く温めた牛乳を飲んだり、ロシアのトラディショナルのスメタナ(サワークリーム)や、トゥヴァローク(カッテージチーズ)などを作ったりしました。生クリームやバターなどは、15〜16世紀までロシアでは知られていませんでした。

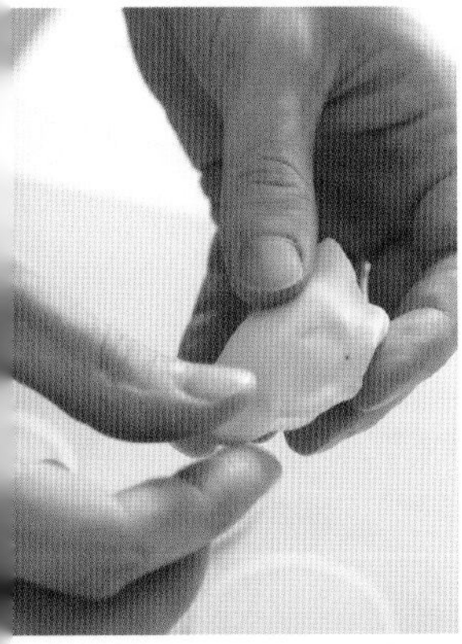

10世紀～暦の影響で野菜料理がバラエティ豊かに

988年に行われた「キエフ・ルーシの洗礼」以降は、暦上、例日と斎日《さいにち》(植物、きのこ、魚は時々しか食べられない日)に分けられることになり、ロシア料理にも大きな影響を与えました。

一年間のうち、斎日は192～216日間もあり、バラエティに富んだ野菜料理が作られました。穀物、きのこ、野菜、魚、森のベリー類や、ハーブなどを広く使うようになりました。キャベツ、かぶ、だいこん類、えんどう豆、きゅうりなどは、10世紀からロシアで知られていましたが、生で食べたり、漬物にしたり、蒸す、ゆでる、ストーブで焼くなど、さまざまな調理方法がありました。

16世紀半ば～貴族と平民の格差広がる

時代が変わっても、平民の生活や料理にはあまり変化がありませんでしたが、16世紀半ばに、貴族の料理はどんどん質が高くなりました。外国料理(とくにアジア系)の影響を受け、新しい作り方などが入ってきたからです。

長期にわたる「タタールのくびき」や、16世紀後半のロシアへのアストラハン・ハン国とカザフ・ハン国の併合が、ロシア料理にも影響を与えました。無発酵生地の食品、麺(パスタ)、キャベツ詰めのペルメーニ、羊肉、骨のブイヨンなどが、ロシア料理に取り入れられるようになりました。デザート、甘い物の種類も急激に増えました。洗礼の前に使われるプリャーニク(ロシアの焼き菓子)に加え、さまざまな甘いピローク、ピロシキ、ジャム、砂糖漬けの果物、キャンディなどが登場しました。

17世紀後半～食事は宴会へと進化

貴族の食事には、後にロシアのトラディションになる、紅茶とレモンが取り入れられるようになりました。17世紀後半から、甘蔗糖《かんしょとう》がロシアでも販売されるようになっていきました。

貴族の間では食事の際、50品ほどの料理を振る舞われることが定番のスタイルとなりました。ツァーリ(皇帝)の食事には200品、大きい城や、動物の形をした料理を供することもありました。食事は、14時から22時まで行われる〝宴会〟になりました。宴会は10コースまであり、各コースに肉、魚、ピローク、ブリニーなどの数種類の料理が並びました。

17世紀の終わりごろまでは、ロシア料理の種類はバラエティ豊かではありましたが、材料を合わせたり、豊かな味を表現する技術レベルは、それほど高くはありませんでした。食材を細かく切ったり、ミックスしたりする調理方法がなかったのです。

18世紀～ヨーロッパの食文化の影響

17世紀の貴族と平民の食事は、その質と多様性に格差がありましたが、18世紀以降、貴族の食事はロシアのトラディショナルな料理からだんだん離れることになりました。ヨーロッパとの交流が盛んになり、ヨーロッパのシェフが自分の国の料理、作り方、トラディションを持ってロシアにやってきたからです。

ピョートル1世（1672～1725）の時代にはじゃがいも、トマト、コーヒーなどが伝わり、ドイツのシェフのひき肉、パテ、ソーセージなどを作るスキルが伝わりました。フランスのソースや、デザートなども貴族の食事に登場しました。

その時代の革新としては、前菜が料理の一つのグループになりました。ヨーロッパから、まだロシアでは知られていなかったフランスやオランダのチーズ、ドイツのサンドイッチ、メンチカツ、オムレツやムースなどが伝わりました。

1770年代から、茶会（ロシアのアフタヌーンティー）は、ロシアのトラディションになります。紅茶には、甘いピロシキなどの甘味を合わせるようになりました。

18世紀後半には、宴会のコース数、料理順が決まりました。6～8コースで、各コースには一品の料理が供されました。その仕組みは19世紀の後半まで残りました。

19世紀～ロシアメニューへの回帰と改革

1812年の（ナポレオンとの）戦争の影響で、愛国心とスラヴ派が強くなり、貴族の国家料理への興味が戻ってきました。19世紀後半からはロシアメニューが復興されましたが、ヨーロッパ料理の影響も続きました。

ロシアに住んでいたフランス人のシェフが、ロシアのエリートのメニューを改革しました。組み合わせ料理、サラダ、ヴィネグレット、複合的なつけ合わせなどが入り、それまではまだロシア料理で取り入れられていなかった、材料を計量して調理するレシピで作られるようになりました。

そして20世紀、大きな変革が！

20世紀に起こったロシアの歴史、ドラマチックな政治や経済の変革は、ロシア料理に凄まじく大きな影響を与えました。第一次世界大戦、ロシア革命、内戦、第二次世界大戦などの影響で、国民の幸福感のレベルが下がったため、ロシア料理は簡素化されました。より安い材料で作れる、簡素化されたレシピと作り方が普及しました。

同時に郷土料理や、エスニックな料理は〝ロシア料理〟の一部となり、家庭料理の構成も大きく変更され、食卓はバラエティ豊かになりました。

そして21世紀の初めから現代に至るまで、炊事事情の変化や技術革新を見直すにつれ、ロシア料理の復興に対する興味が、非常に高まりました。

千年以上に及ぶ長い歴史の中で、ロシア料理はもともとの特徴をキープしながら、ヨーロッパとアジアの料理の影響を受けて豊かになり、世界料理の中でも特別な地位を手に入れました。ありがたいことに、この文化や料理法の巨富を今も楽しめます。何よりも、ロシア料理は本当に美味しい！

ロシア料理の特徴

祖母は1913年、ロシア帝国に生まれました。国を一歩も出ないまま、
ソビエト・ロシア、ソビエト連邦、ロシア連邦と、
歴史が移り変わった3つの国に住むことになりました。
3つの国の料理方法には、それぞれ異なる特徴があり、
現在のロシア料理の形成に、さまざまな影響を与えました。
莫大な国土に広がる豊かな森と水。地域により異なる特徴を持つ気候、
バラエティ豊かな植物や動物。さらに隣接する地域のエスニックな文化や、
各地域社会における習慣や文化の変遷などの影響により、多様性が生まれました。

基本は弱火でじっくり、のんびり作る

昔はストーブを利用することが多かったため、煮込み料理やスープなど、鍋を弱火にかけたままにして、時間が経てば完成する料理が多いです。忙しいロシアのお母さんたちは、料理をしながら別の家事をこなすこともできました。

穀類を使った料理が多い

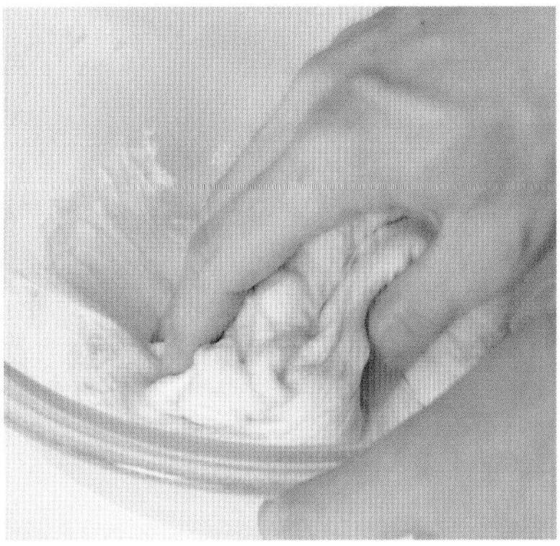

パンやクッキー、ブリニー、ピロシキ、ペルメーニ、スープに入れる麺など、料理にもスイーツにも小麦粉を使う料理がとても多いです。また、もち麦入りのスープや、米を入れるガルプツィなど、穀類の使い方は多種多様です。

漬物や缶詰など加工品も賢く使う

ピクルスを一瓶使うポテトサラダ（オリヴィエサラダ）や、ザワークラウトを使ったスープ、魚の缶詰のスープなど、加工した野菜や魚をさらに食材として活用する料理も多いです。これは、寒い時期が長い地域ならではの知恵です。

ハーブやスパイスは欠かせない

ほとんどの料理に、ハーブやスパイスを使います。とくにディル、イタリアンパセリがよく使われますが、あらかじめたねに混ぜたり、あとからのせたりと、風味を最大限に生かす調理手順にも工夫があります。ローリエを長時間煮込まず、仕上げの直前に使うのは、ヴィタリ流です。

もくじ

4 メインディッシュ　75

5 お菓子とパン　101

知っていますか？ ロシアの文化

この本の使い方

料理の盛りつけ

- でき上がり写真は、おすすめの食べ方を示した盛りつけ例です。材料表の分量と違うことがあります。

料理の紹介

- 料理名は、日本語に置き換えた名前と、ロシア語表記（読み方）を載せています。
- 料理のなりたちや、ロシアでの食べ方など、ぜひ知っていただきたいことを紹介しています。

ヴィタリ's メッセージ

- 作り方のコツや、美味しい食べ方のヒントなど、プラスαのおすすめ情報をお伝えしています。

魚ときのこのリーブニク

Рыбник《リーブニク》

北ロシアの伝統的な魚料理で、リーブニクは「魚から作られた」の意味。
昔は、魚を一尾丸ごとパン生地に包み、ストーブで焼きましたが、
今は切り身魚を使ったり、ご紹介したレシピのように魚をミンチにしたり
バリエーションはさまざま。このレシピはとても簡単で大好きです！
温かいままでも、冷めても、冷蔵庫で冷やしても美味しいです。

ヴィタリ's メッセージ

❖生地は、包丁で白身魚を細かく切って、ほかの材料とよく混ぜ合わせてもかまいません。
❖生地の上には何ものせなくてもOK。チーズやハーブをのせても美味しいです。

材料 8cm×6cm×18cmのパウンド型1台分

生地
白身魚（切り身）—350g
きのこ*—100g
玉ねぎ—1個
にんじん—1本
食パンの白い部分—50g
牛乳—適量

A
卵—1個
塩—2g
こしょう・ドライハーブミックス—各適量
油—適量
青ねぎ（小口切り）—適量
型紙用バター・パン粉—各適量
*ここではエリンギ、ホワイトマッシュルームを使用。

1 玉ねぎはみじん切りにし、にんじんは粗くおろす。きのこは細かく切る。
2 フライパンを火にかけ、油をひき、1を柔らかくなるまで弱火で5~7分炒め、冷ます。
3 パンを牛乳に浸して柔らかくする。白身魚の皮を取り、適当に切り分け、ミキサーに入れる。
4 パンを絞って加え、Aも加え、ミキサーにかける。ボウルに出し、2を入れてよく混ぜる。
5 型紙にバターを塗り、塗った面を内側にして型に入れる。パン粉を入れて薄くまとわせ、余分は取り出す。
6 オーブンを200℃に予熱する。5の型に4の生地を入れ、青ねぎを散らし、アルミ箔をかぶせる。
7 200℃のオーブンで20分焼く。180℃に下げ、アルミ箔を取って20分焼く。少し冷めたらでき上がり。

51

材料表

- 基本的に、日本の一般的なスーパーマーケットで買える材料です。日本では手に入りにくい食材は、代用できるものを示しています。
- 大さじ1は15mℓ、小さじ1は5mℓです。
- 塩・こしょう・油などの分量は目安です。一緒に使う食材やお好みによって、加減してください。

作り方

- 下線をひいた部分は、作り方のポイントです。ここに注意して作ってみてください。
- 野菜などは、最初に切った状態を紹介していますが、料理によっては順次切りながら鍋に加えるなどしてもよいです。

基本的な食材と作るときのコツ

食材

砂糖
基本的にはグラニュー糖を使っています。

バター
食塩不使用のものを使っています。

肉
ロシアではかたまり肉を使い、最初に冷水でよく洗い、ペーパータオルで水気を拭いてから調理を始めますが、日本では必ずしも洗わなくてもよいです。

油
とくに種類の指定がない場合でも、基本的にはキャノーラ油を使っています。

黒こしょう
粒のまま使う料理には、（粒）と示してあります。

ブイヨン
ロシアでは一度に大量に作ってストックしておき、さまざまな料理に使いますが、市販の固形ブイヨンをお湯に溶かして代用してもよいです。

ハーブ
基本的にはイタリアンパセリやディルなどフレッシュなものを使いますが、市販のハーブミックスなどドライなタイプのもので代用することもできます。

サワークリーム
手作りがおすすめですが（作り方はp.56）、市販のサワークリームでも代用できます。

作るときのコツ

「おろす」
ゆで卵やトマト、玉ねぎなどをおろすときは、グレーターを使うと便利です。

「焼く」
オーブンは熱源や機種によってクセがあるので、温度や時間は状態を見ながら加減してください。表面が焼けてきたけれど、もう少し中を焼きたい場合は、途中でアルミ箔をかぶせて、焦がさないようにしてください。

1

おなじみのロシア料理

〝本当の〟ビーフストロガノフ

Бефстроганов《ビフストロガノフ》

「ロシア料理といえばビーフストロガノフ」といわれるほど、世界中で知られている料理のひとつです。

ビーフストロガノフのレシピが初めて料理書に登場したのは、1871年。ロシア帝国の内務大臣、アレクサンドル・ストロガノフ伯爵から、この名がつけられました。

ビーフストロガノフには、さまざまな誕生ストーリーがあります。有力な説は、ストロガノフ伯爵のお屋敷で仕えていたフランス人シェフ、アンドレ・デュポンが、高齢になった伯爵のために、柔らかくて食べやすい肉料理を考案したというもの。もうひとつ、よくいわれるのは、お金持ちのストロガノフ伯爵が、黒海に面した港町オデッサ（現在はウクライナの都市）で、当時流行っていた〝オープンテーブル〟用に料理を考案させたというもの。オープンテーブルとは、教養のある人、上品な身なりをした人なら誰でも立ち寄ることができる「開かれた食卓」のことです。ビュッフェ形式のため、一度にたくさん作りやすく、温かいまま提供でき、一人分ずつ取り分けやすく、もちろん美味しいことが条件。そこからこの料理が生まれたという説です。

昔のロシアは、貴族と平民の食事がまったく違っていました。肉料理なら、貴族は肉を焼いて、別に作ったソースをかけるフランス料理を、平民はひとつの鍋で肉を煮込み、その煮汁をソースにするロシア料理を食べていました。ビーフストロガノフは両方の料理が上手に組み合わさってできた料理といえるでしょう。

ロシアでも、ビーフストロガノフは今なお大人気です。きのこが入ったり、トマトペーストを入れずにサワークリームだけを混ぜたり、さまざまなバリエーションがありますが、ここでご紹介するのは、昔ながらの作り方です。

〝本当の〟ビーフストロガノフの作り方

Бефстроганов

1 玉ねぎを縦半分に切り、薄切りにする。

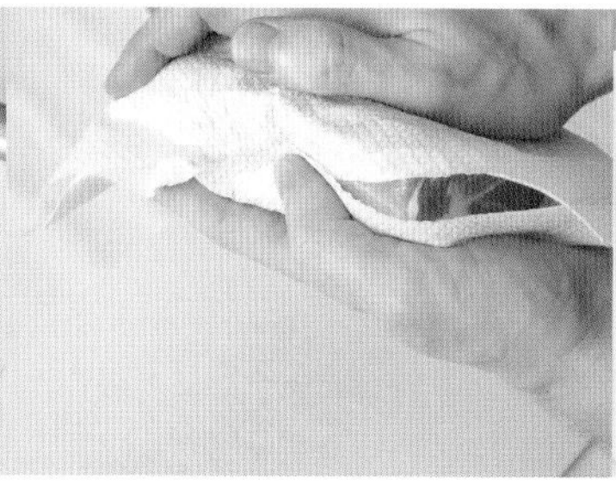

2 牛肉を冷水で洗い、ペーパータオルで水気を拭く。

3 厚さ7mmほどの細切りにする。

4 フライパンを弱めの中火にかけ、油をひき、**1**と**3**を炒める。

5 時々混ぜながら、5分ほど炒める。

6 小麦粉を茶こしでふりながら入れる。

7 小麦粉を全体にからませながら、2〜3分炒める。

材料 2人分

牛ももかたまり肉……250g

玉ねぎ……1個

サワークリーム……75g

トマトペースト……15g

小麦粉（薄力粉）……6〜7g

塩……3g

こしょう……少量

白ワイン（またはブイヨン）……100mℓ

油*……大さじ2と1/2

マッシュポテト（p.15）・イタリアンパセリ……各適量

*油はお好みのものを。オリーブオイルまたはキャノーラ油がオススメ。

8 サワークリームを入れ、2〜3分混ぜる。(先に**9**のように白ワインを注いでもよい)

9 牛肉からあまり水分が出ないようなら、白ワイン(またはブイヨン)を注ぐ。

10 トマトペースト、塩、こしょうを加えて混ぜる。

11 蓋をして、弱火で10分ほど煮る。

12 全体を混ぜる。皿にマッシュポテトと一緒に盛る。イタリアンパセリを飾る。

マッシュポテトの作り方

ロシアでは、よくマッシュポテトをつけ合わせにします。ビーフストロガノフにも、マッシュポテトを添えるのが基本です。ほかの料理でも使える作り方をご紹介します。

1 じゃがいもの皮をむき、4等分に切る。

2 湯に塩を加え、じゃがいもを入れて柔らかくなるまで、15〜20分ゆでる。

3 湯を捨て、フォークなどでつぶして、バター、温めた牛乳、塩(私は少し生クリームも)を入れて、マッシュポテトにする。

ヴィタリ'sメッセージ

❖日本では白いご飯にビーフストロガノフをのせ、カレーライスのようにして食べますが、ロシアではマッシュポテトを添えるのが普通。お米を添える場合もありますが、粘りのない長粒米で、ロシアでは〝野菜〟として一緒に食べます。

ボルシチ

Борщ《ボルシチ》

日本でロシア料理といえば「ボルシチかビーフストロガノフ」というほど、代表的な料理です。古くからビーツが栽培されている中欧や東欧では、ボルシチは広く食べられていて、スラヴ系のスープということはわかっていますが、どこで生まれたのかを調べるのはとても難しい……。そしてロシア人も、ウクライナ人も、ポーランド人、ルーマニア人、モルドバ人、リトアニア人もみんな、自分の国のオリジナルだと思っています！

ロシアでは14世紀の文献にボルシチのことが書かれていて、それによると「ボルシチ」とは古代ロシア語で「ビーツ」の意味。18世紀の有名な女帝エカテリーナ2世の一番お気に入りの料理で、お城ではボルシチ専門のシェフがいたというほどです。

地方や季節によっては、温かいスープだけでなく冷製スープとしても食べられていますし、作り方、材料も家庭によって違いますが、共通しているのはもちろん、ビーツを使うこと。

ご紹介するのは、母の作り方を私流に、ビーツの鮮やかな赤を生かすようにアレンジしたレシピです。サワークリームを塗った黒パンと一緒に食べるのがオススメです。私の父は、にんにくを切って断面を黒パンに軽くこすりつけ、サワークリームを塗って食べるのが好きです。

サワークリームを混ぜていただくのがロシア流。サワークリームは作り方がとても簡単で(→p.56)、自家製にすると口当たりなめらか、さっぱりとした味わいです。

ボルシチの作り方

Борщ

1 牛肉を冷水でよく洗い、ひと口大に切って鍋に入れ、湯を注ぐ。

2 強火にかけて沸かし、浮いてきたアクを取り除く。黒こしょうを加える。

3 蓋をして弱火にし、軽く沸く状態で10分ほどゆで、煮汁に旨みを出す。

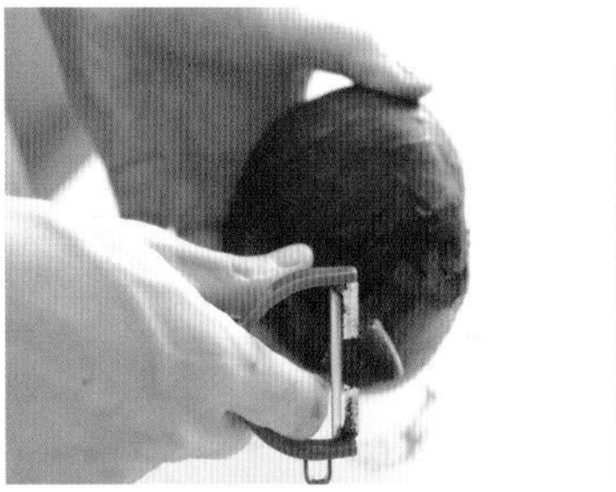

4 ビーツの天地を切り落とし、スライサーで皮をむく。

5 大きめの棒状に切る。にんじんも同様に切る。じゃがいもは1cm角に切る。

6 キャベツは太めのせん切りにする。

7 3の鍋に、塩、じゃがいもを加え、蓋をして煮る。

材料 作りやすい分量

牛かたまり肉……200g
じゃがいも……2個
ビーツ……1個
にんじん……1本
キャベツ……100g
トマト……1個
湯……1ℓ
塩……4g
黒こしょう（粒）……10粒
ローリエ……1枚
イタリアンパセリの葉（またはディル）……1本分
油……大さじ2と1/2

8　フライパンに油をひき、ビーツとにんじんを軽く炒める。

9　トマトを粗くすりおろし、8に加えて1分ほど炒める。

10　7の鍋に9を加え、さらに6のキャベツも加える。

11　軽く混ぜ、蓋をして、弱火で沸かさないように25〜30分煮る。仕上がり5分前に、半分に折ったローリエを入れる。

12　ビーツが柔らかく煮えたら火を止める。煮上がりの状態。

13　イタリアンパセリを刻んで入れ、蓋をして5〜7分休ませる。

ヴィタリ'S メッセージ

❖ビーツの赤く美しい色を残すコツは、作り方11で煮るときに、沸かさないこと！沸騰させると茶色っぽい赤色になるので、注意してください。

❖私の母は、もっとシンプルな方法で、ひとつの鍋でボルシチを作ります。ビーツとにんじんは炒めずに、作り方7で牛肉のゆで汁にじゃがいも、キャベツと一緒に全部入れて、あとは煮るだけ。これも美味しいのですが、ビーツに火が入るまで、長時間煮る必要があるので、鮮やかな紅色ではなく、ちょっとくすんだ色になります。私はビーツの美しい色が好きなので、火が入りにくい素材をあらかじめ加熱しておき、煮る時間を短くしています。

ガルプツィ

Голубцы《ガルプツィ》

ガルプツィは、いわゆるロールキャベツのこと。
18世紀ロシアでは、鳩肉をキャベツで包んで焼くフランス料理が大人気となり、
のちに詰め物違いで、形だけ似た「偽物の鳩(ガルプツィ)」が生まれました。
伝統的なレシピでは、詰め物は牛ひき肉とお米だけ。
私が子供のころから大好きな味。本当のロシア家庭料理です。

怠け者のガルプツィ

Ленивые голубцы《リニヴィエ・ガルプツィ》

ソ連時代に人気を博した、簡単で早く作れるガルプツィのバリエーション。ひき肉、お米、キャベツを混ぜてピロシキ形にして、ブイヨンと一緒に煮るだけ。どの作り方でも大切なのは、ガルプツィは〝キャベツ料理〟だということ。主役のキャベツの分量は、それ以外の材料と同じか、または多くなくてはいけません。

ガルプツィの作り方

Голубцы

材料　4個分

キャベツ……小1個
牛ひき肉……250～300g
米……100g
サワークリーム……100g
トマトペースト……50g
塩……2g
こしょう……適量
ブイヨン*……300mℓほど
キャノーラ油……大さじ1

*市販の固形ブイヨン1個を湯に溶かしたもの。

1　キャベツを1枚ずつに分けて、湯に通して柔らかくする。かたい芯を切り取る。

2　米を洗って鍋に入れ、ひたひたの湯で煮る。表面が透明になったらざるに上げ、冷ます。

3　ボウルにひき肉、**2**、塩、こしょうを入れ、混ぜる。4等分にし、俵形にまとめる。

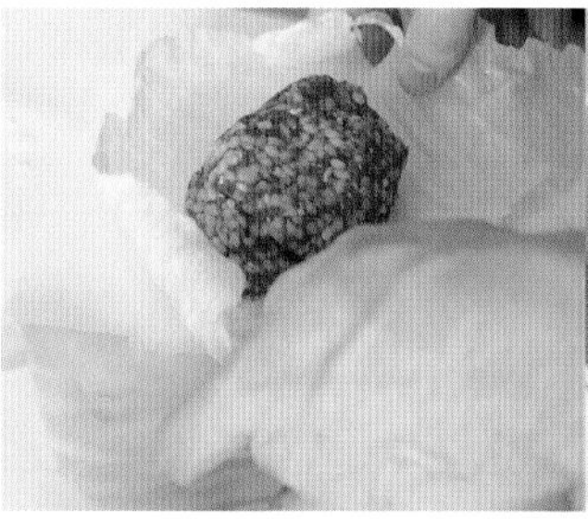

4　**1**のキャベツを2～3枚、少し重ねて広げ、**3**をのせる。包んで締める。

5　フライパンを火にかけて油をひき、**4**を軽く焼き色がつくまで焼く。ブイヨンをガルプツィの高さ半分まで注ぎ、蓋をし、弱火で10～15分煮る。

6　サワークリームとトマトペーストを混ぜ、鍋に入れて溶かし、蓋をして5～7分煮る。

7　［さらに美味］耐熱皿に**6**をソースごと入れ、200℃に予熱したオーブンで10分焼く。

ヴィタリ's メッセージ

❖作り方**3**で、ドライのハーブミックスを入れても美味しいです。
❖作り方**6**で、煮る時間をもう少し長くすると、より美味しくなります。
❖より濃厚な味わいがお好きなら、仕上げにサワークリームをのせましょう。

怠け者のガルプツィの作り方

Ленивые голубцы

ヴィタリ's メッセージ

❖作り方3の肉だねを、成形せずにフライパンに入れ、ブイヨンを入れて煮る、レベルアップした「怠け者」もあります。スープにならないように、ブイヨンは必要量だけ入れます。私の兄はこの作り方が好きです!
❖ベジタリアン向けには、肉の代わりに刻んだなすや、なすとトマトを混ぜて使っても美味しいです。

1 米を洗って鍋に入れ、少量の湯で煮る。表面が透明になったらざるに上げ、冷ます。

2 キャベツをせん切りにする。ボウルにひき肉、**1**の米、キャベツを入れる。

3 塩、こしょうをふり、手でよく混ぜる。

4 生地を4等分にし、ピロシキの形にする。

5 フライパンを火にかけて油をひき、**4**を薄く焼き色がつくまで焼く。

6 ブイヨン(または湯)をガルプツィの高さ3/4ほどまで入れる。

7 蓋をして、弱火で20分ほど煮込む。

材料 4個分

キャベツ*1……200g
牛ひき肉……150g
米……30g
塩……1g
こしょう・ブイヨン*2(または湯)……各適量
キャノーラ油……大さじ1

*1「怠け者」なので、市販のカットキャベツでもよい。
*2 市販の固形ブイヨン1個を湯に溶かしたもの。

毛皮のコートを着たにしん

Селёдка под шубой《シリョトゥカ・パトゥ・シュバイ》

料理名が少し面白い、ロシアの祝宴に欠かせないサラダです。この華やかな姿の料理は、ソ連時代、お祝い事、とくにニューイヤーの食卓には、ほぼ必ずといっていいほど並んでいました。

ロシア、とくに北西部は海に面していて、北欧と同じようににしんやサーモン、たらなどをよく食べます。しかし、生のにしんは傷むのが早いので、14世紀の終わりごろまで、ヨーロッパでは浮浪者や失業者などの食べ物として見られていました。その後、塩漬けにすることで保存性が高まり、また美味しくなることがわかり、ヨーロッパ、とくにオランダで人気になりました。

19世紀に入ると、このサラダに似た料理が、にしんの多く獲れるノルウェーやイギリスで登場します。ロシアでも当初、このサラダの材料を使って「ヴィネグレット」(→p.48)のような方法で作っていましたが、20世紀、とくに戦後になって、材料をレイヤーにして重ね、マヨネーズを使う今の形になりました。

魚の塩味と野菜のやさしい香りは、素晴らしい組み合わせです。ここでは日本で作りやすいよう、にしんの塩漬けの代わりに、しめさばを使ってご紹介します。

マヨネーズについて

ロシアは、1人あたりのマヨネーズ消費量が世界でナンバーワン！ 第二次世界大戦後、大人気となり、今ではスーパーに行くと、さまざまなマヨネーズが売られています。日本で買えるマヨネーズで私が気に入っているのは、この「ベストフーズ」のもの。全体にマイルドな味わいで、素材の味を生かしてくれます。

毛皮のコートを着たにしんの作り方

Селёдка под шубой

1　じゃがいもとにんじんを、皮つきのまま20分ほどゆでる(→p.54)。

2　別の鍋でビーツを皮つきのままゆで(→p.55)、冷まして、皮をむく。

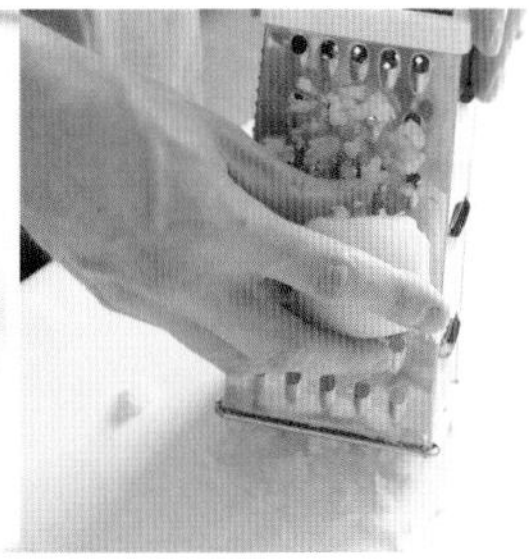

3　1、2の野菜、殻をむいたゆで卵を、それぞれおろす。長ねぎは小口切りにする。

4　器にセルクル型をのせ、じゃがいもを詰める。

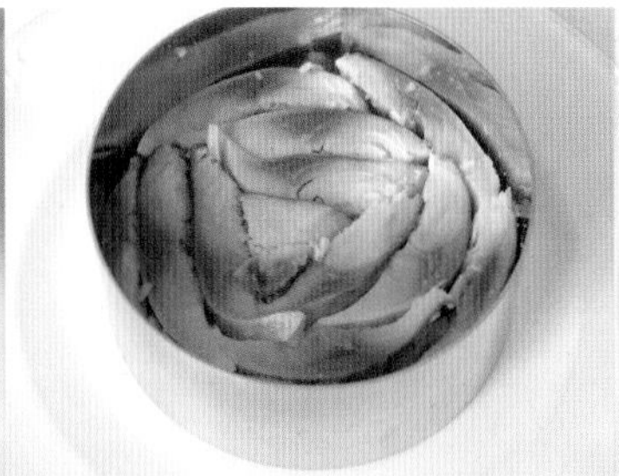

5　しめさばを並べる。

6　長ねぎを重ねる。

7　マヨネーズを塗る。

材料　直径15cmのセルクル型1台分

しめさば*……150〜200g
ビーツ……1個
じゃがいも……2個
にんじん……1本
長ねぎの白い部分……約1本分
ゆで卵……2個
マヨネーズ……適量
塩……適量

*本来はにしんの酢漬けで作るが、ここでは手に入りやすい市販のしめさばを使用。

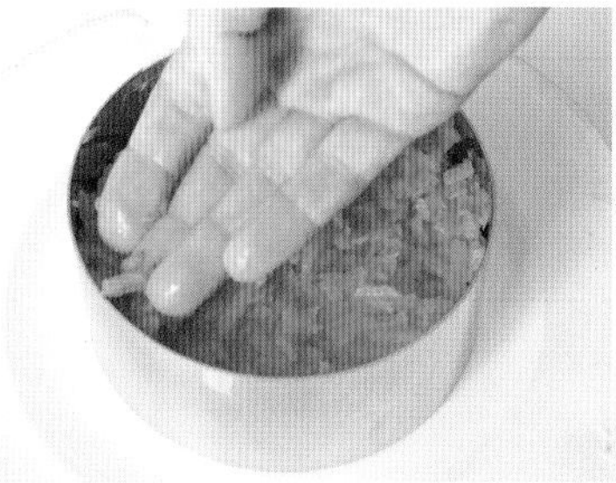

8 にんじんを重ね、マヨネーズを塗る。

9 ビーツも重ねる。

10 マヨネーズを塗る。

11 ゆで卵を全面に散らし、レイヤーの完成。お好みで、途中で野菜に塩を適量ふってもよい。

12 ラップをかぶせ、30分ほど冷蔵庫で休ませる。そっとセルクル型をはずす。

ペルメーニ

Пельмени《ペルメニ》

小麦粉で作った生地で具を包んで、ゆでて食べるこの料理は、スウェーデンのクロップカーカ、イタリアのラヴィオリ、中国の水餃子など、世界中に似たような料理があります。古代ギリシャの哲学者プラトンの作品にも出てくるほどで、2000年ほど前、中国で生まれたといわれます。ロシアには14〜15世紀ごろ、ウラル山脈に住んでいた民族から伝わりました。

ロシアでは17世紀から「マンティ」という名前で人気になり、王様のためにも作られていました。そして1820〜30年代から「ペルメーニ」と呼ばれるようになりました。ちなみにウラル山脈あたりの言語、ペルム諸語で「ペルニャニ」は「パンの耳」の意味。19世紀半ばから、ロシアでは歴史や民族文化を調べようというムーブメントが起こったので、その流れでペルメーニになったのかもしれませんね。

ペルメーニはもともと、シベリアとウラルの料理ですが、今はロシア各地で食べられる人気の家庭料理。ゆでるだけの冷凍食品がスーパーで売られているほどポピュラーです。手作りするときは、一度にたくさん仕込んで冷凍します。ペルメーニは、時間がないときにゆでるだけ、5分でできる「ロシアの家庭ファストフード」なのです。

ロシアではよく、サワークリーム、または溶かしバターをかけて食べますが、マヨネーズでも醤油でも美味しいです。温かく、肉汁たっぷりジューシーなペルメーニを食べると、寒い冬はとくに、お腹も心も大満足！ 材料の配合や作り方、形はさまざまですが、私はここでご紹介したレシピが好きです。ハーブはイタリアンパセリ、またはディルがオススメです。

ペルメーニの作り方

Пельмени

1　生地を作る。小麦粉を2回ふるい、ボウルに入れる。真ん中にくぼみを作る。

2　塩を冷水に溶かし、**1**のくぼみに少しずつ注ぎ、全体に水を行きわたらせる。

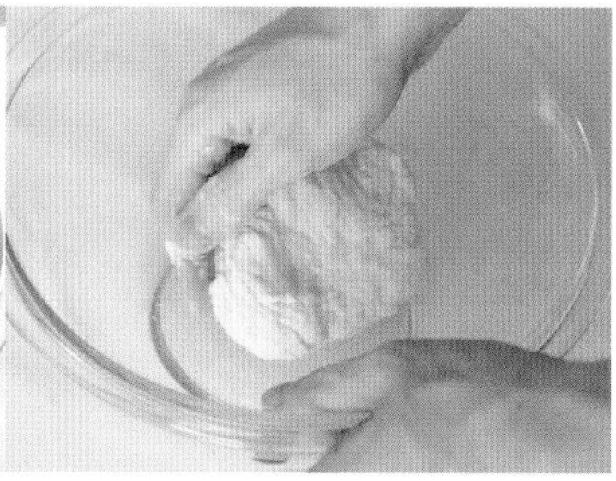

3　手で、ひとまとまりになるまでこねる。ボウルに何もつかない状態になる。

4　冷蔵庫で20分休ませる。取り出して軽くこね、再度冷蔵庫で10分ほど休ませる。

5　詰め物を作る。玉ねぎをみじん切りにし、ハーブを細かく切る。ボウルにひき肉と一緒に入れる。

6　**5**に塩、こしょうを入れ、よく混ぜる。詰め物のでき上がり。

材料　25個分

生地

- 小麦粉（準強力粉）……200g
- 冷水……100mℓ
- 塩……4g

詰め物

- 合いびき肉（牛ひき肉でもよい）……200g
- 玉ねぎ……1/2個
- 塩……2g
- こしょう・お好みのハーブ（ディル、イタリアンパセリなど）……各適量

塩・サワークリーム……各適量

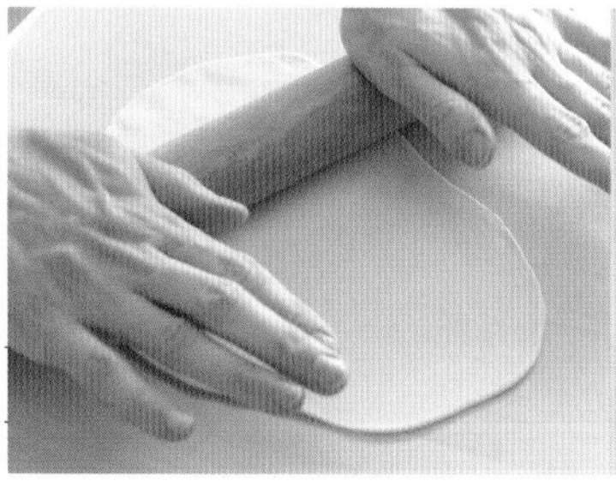

7　成形する。ボードに**4**の生地をのせ、麺棒で厚さ1mmほどに薄くのばす。

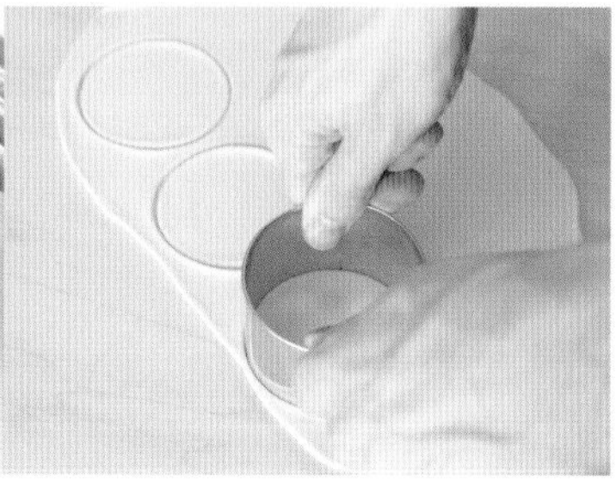

8　直径8cmほどの型やグラスなどで丸形にぬく。

9　**6**を25等分して手で丸め、円の真ん中にのせる。

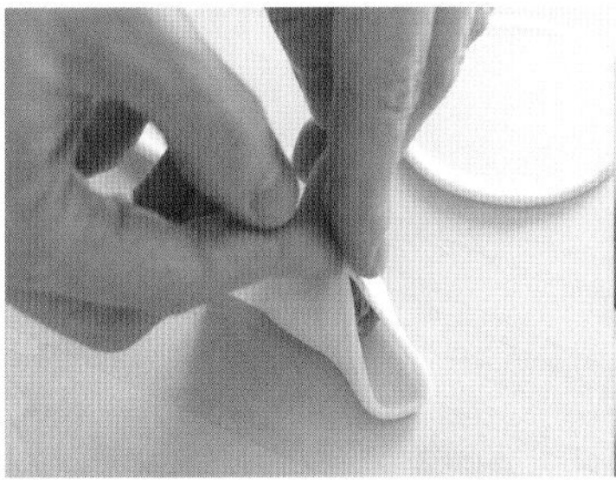

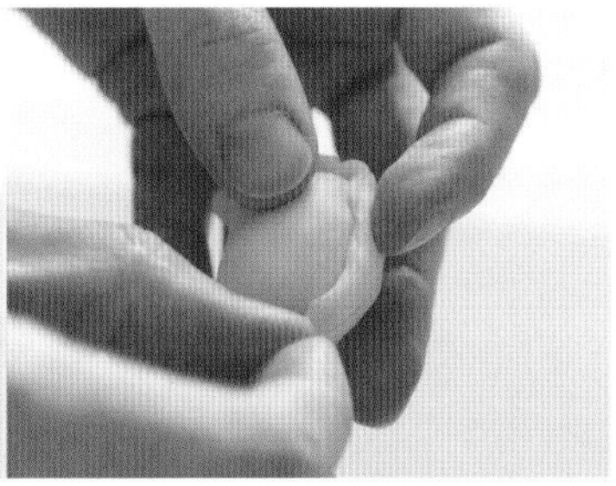

10 まず生地の両側を持って半分に折って、指で押さえる。

11 さらに周りの生地をつまんで閉じる。半月状になる。

12 閉じた縁を手前に折り込む。

13 両端を寄せて、閉じ目を指先でしっかりと押さえて留める。

14 湯を沸かし、少量の塩を加え、沸騰したところに**13**を入れ、強火で浮き上がるまでゆでる。

15 浮き上がったら、さらに3〜4分ゆでる。網じゃくしですくい、器に盛り、サワークリームをのせる。

ヴィタリ'sメッセージ

❖作り方**13**の状態で、冷凍できます。ロシアの家庭の冷凍庫には、必ずといっていいほど冷凍ペルメーニがあるんですよ。冷凍して1ヶ月ほどもちます。

❖食べるとき、ロシア人はサワークリームまたは溶かしバターをかけますが、お好みでどうぞ。

ブリニー

Блины《ブリニー》

ロシア最古の料理のひとつです。冬に別れを告げ、春の訪れをお祝いするお祭り「マスレニツァ/Масленица」の料理で、ブリニーの丸くて黄色く輝く形から、太陽を表しているといわれています。もともとは9世紀以前、偶像教を信仰していたころ、死者の追悼のために作られていたものでした。

ブリニーには、配合や作り方がたくさんあります。イーストやヨーグルト飲料のようなケフィールを使った生地や粉にそば粉を使う生地もあれば、具を包んだり、そのまま食べたり、各家庭で自分の作り方や食べ方があるかもしれません。一般には、焼いたブリニーにサワークリーム、スモークサーモン、イクラ、きのこのソテーなどを包んで軽食にするか、甘めに作ったブリニーにジャム、練乳、はちみつなどを塗っておやつにします。いずれにしてもロシアでは、昔から手で持って、ガブリと食べるものです。

私の父の大好物のひとつが、このブリニー。焼きたてなら、何もつけずにプレーンのまま、いくらでも食べられます。そして、父の作るブリニーは本当に美味しいのです。私は子どものころから、炒めたひき肉「ブリニー・ス・ミャサム/блины с мясом（肉の中身）」を包むのが大好きです。薄く、香りがよく、ほんのり甘いブリニーと肉のコントラストが絶妙です。

ヴィタリ好みのひき肉のブリニー

ブリニーの作り方

блины

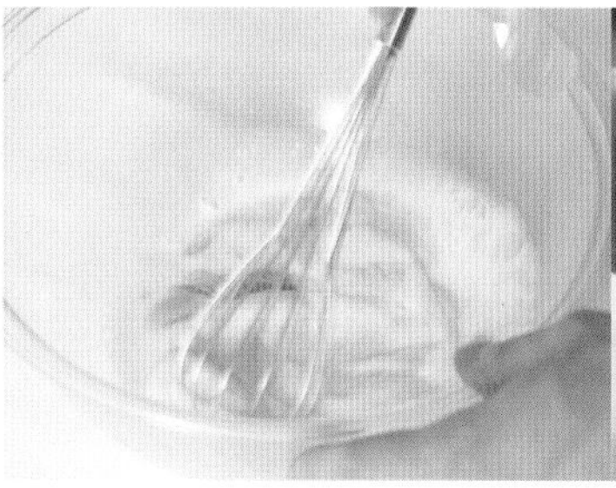

1 牛乳と水は混ぜておく。ボウルに卵、砂糖、塩、牛乳水の半量を入れて混ぜる。

2 小麦粉の1/3量ほどを、ふるいながら**1**に入れ、ダマにならないように混ぜる。

3 残りの小麦粉を2回に分けてふるいながら入れ、よく混ぜる。残りの牛乳水も入れて、よく混ぜる。

材料 約20枚分

生地

- 小麦粉（薄力粉）……240g
- 牛乳……250mℓ
- 水……250mℓ
- 卵……2個
- 砂糖……30g*
- 塩……2g
- 重曹……4g
- 白ワインビネガー……4mℓ
- キャノーラ油……30mℓ

油……適量

*ブリニーをデザートやおやつに食べる場合、50gにしてもよい。

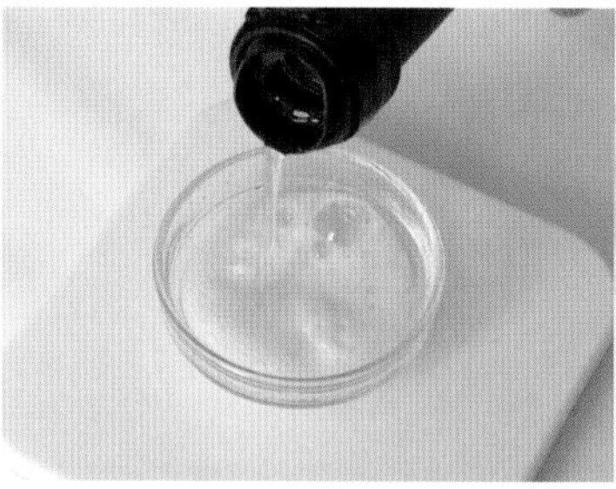

4 小さいボウルに重曹を入れ、白ワインビネガーを注ぎ、出た泡をすぐに**3**に加える。

5 よく混ぜ、さらに油を加えて混ぜ、10〜15分ほど休ませる。

6 フライパンを火にかけて、少量の油をひく。生地をお玉半分ほどすくい、薄く流す。

7 色が変わったらひっくり返し、もう片面も同様に焼く。すぐに焼けるので焦がさないように。

ヴィタリ's メッセージ

❖生地を焼くときは、ボウルの底からかき混ぜながらすくいましょう。少し時間が経つと、油が分離することがあります。

ヴィタリ好みのひき肉のブリニー

ひき肉の具の材料　作りやすい分量

牛ひき肉……200g
玉ねぎ（みじん切り）……1個分
ゆで卵（5mm角に切る）……2個分
塩……3g
こしょう……適量
油……適量

フライパンを火にかけ、油をひき、玉ねぎを柔らかくなるまで炒める。ひき肉に塩、こしょうをして混ぜ、フライパンに加え、時々混ぜながら中火で7〜10分炒める。ゆで卵を加えて1分炒め、火を止めてそのまま5分ほど冷ます。

包み方

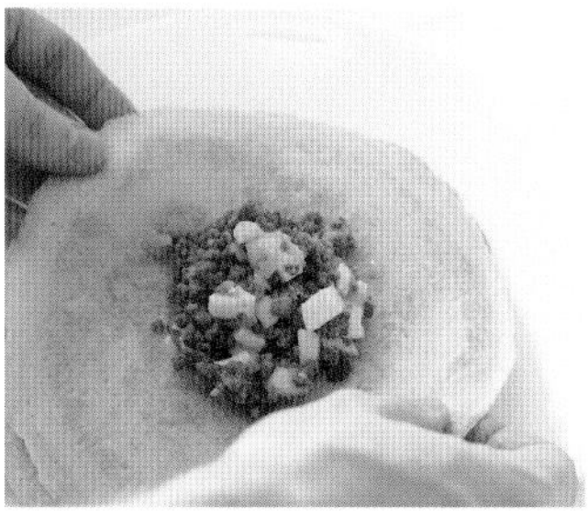

1　焼いたブリニーの真ん中に、具を適量のせる。

2　生地を左、右の順に折る。

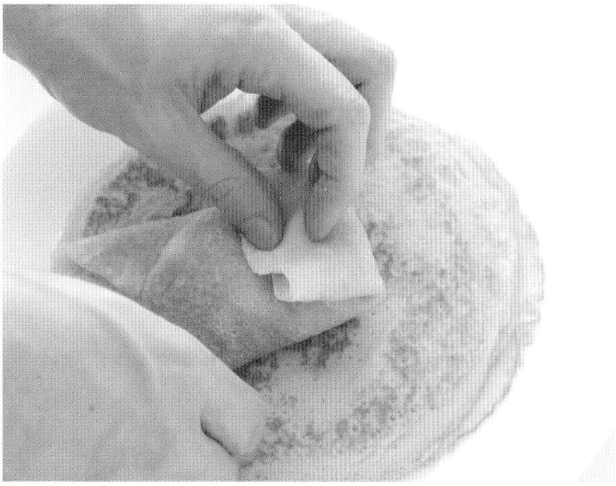

3　天地もたたむ（盛りつけ例はp.33）。

おやつにも美味しい！

ブリニーにお好みのジャムを塗り、ヨーグルトやサワークリームを塗り重ね、くるくると棒状に。ほかにも練乳を塗ったり、生地だけ巻いて食べても、美味しいおやつになります！

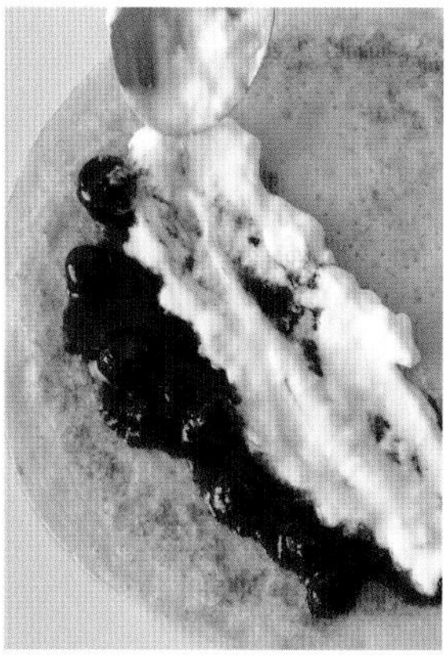

キャベツのピロシキ

Пирожки с капустой《ピラシキ・ス・カプスタイ》

「ピロシキ/Пирожки」とは、小さい「ピローク/Пирог」(中に具を包んだ饅頭)の意味。日本では〝ひき肉入りの揚げパン〟として知られていますが、ロシアでは甘いおやつパン風のものから甘くない肉饅頭まで、さまざまな種類があります。

ピロークに似たパンは古代ギリシャ・ローマ時代から作られており、ロシアでは9世紀のキエフ大公国以前から大きいものが存在していました。大昔、とくに農家では食器が少なかったので、食事は家族全員が集まって、ひとつの大きい鍋から取って食べるのが普通でした。

このように、料理はみんなの分をまとめてたくさん作っていたので、ピロークも同じように土窯で大きく焼いて、家族で偉い順にちぎって食べたものでした。まずお父さんが一番大きなひと切れを取り、次に大人の息子たち、男性のあとで女性が取り、残った分を小さい子供たちが分けて食べました。しかし、この食べ方はとても不便でした。そこで、とくに畑で働くとき、お母さんたちが一人分ずつ小さく作って持って行くことにしたのが、ピロシキの始まりです。ピロシキだけでも美味しいですが、ロシアではよくスープと一緒に食べます。

今のロシアでは、日本で知られるひき肉入りの揚げピロシキがファストフードとしてあちこちで売られています。しかし家庭では揚げるよりも、オーブンで焼くことが多いです。詰め物もたっぷり! 肉やきのこ、りんご、チェリー。そして、私の大好きなキャベツとゆで卵。子供のころ、よく祖母に作ってもらった味です。

キャベツのピロシキの作り方

Пирожки с капустой

1 生地を作る。大きいボウルに小麦粉10g、ドライイースト、砂糖を入れ、混ぜる。

2 牛乳と水を36〜37℃まで温め、**1**に50mℓを注ぎ、軽く混ぜる。

3 ラップをかけ、温かい場所で20分ほど泡が出るまで寝かせる。

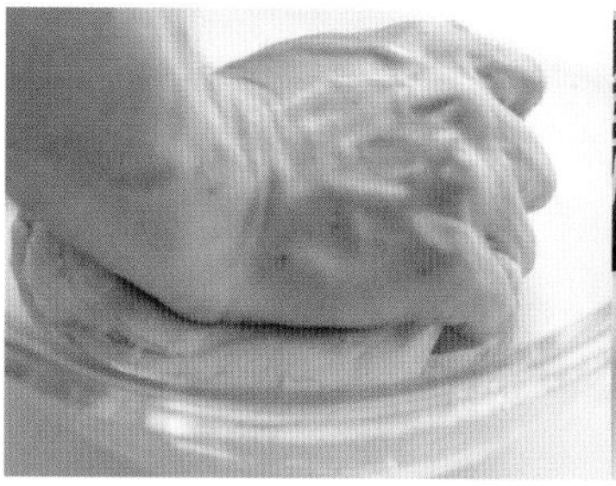

4 **3**に残りの牛乳水、小麦粉、溶き卵と塩を加えて混ぜ、まとまってきたら手で5分ほどよくこねる。

5 油を3回に分けて加え、そのつど5〜6分かけてしっかりなじむまでこねる。

6 まとまったら、乾かないようにラップをかけ、温かい場所で45分〜1時間発酵させる。

材料 10個分

生地

- 小麦粉(準強力粉)……250g
- ドライイースト……4g
- 砂糖……8g
- 牛乳……125mℓ
- 水……25mℓ
- 溶き卵……1/2個分
- 塩……2g
- キャノーラ油……30mℓ

詰め物

- キャベツ……350g
- 玉ねぎ……100g
- ゆで卵……2個
- イタリアンパセリの葉……1本分
- 塩……2g
- こしょう・油……各適量

塗り卵(溶き卵+牛乳少量)……適量

7 ふくらんだ生地。空気を軽く抜いて、軽くこねる。

8 ひとまとまりにし、再度ラップをかけ、40分ほど温かい場所で発酵させる。

9 詰め物を作る。ゆで卵とイタリアンパセリを刻み、玉ねぎはみじん切り、キャベツはせん切りにする。

10 フライパンを火にかけて油をひき、玉ねぎが透明になるまで炒める。

11 キャベツを加え、柔らかくなるまで炒める。ゆで卵を加え、炒め合わせる。

12 イタリアンパセリ、塩、こしょうも加え、炒め合わせる。

13 40分発酵させてふくらんだ8の生地を10等分(約45gずつ)に分け、軽く丸める。

14 麺棒で、縁を少し薄めにしながら、縦長にのばす。真ん中に詰め物をのせる。

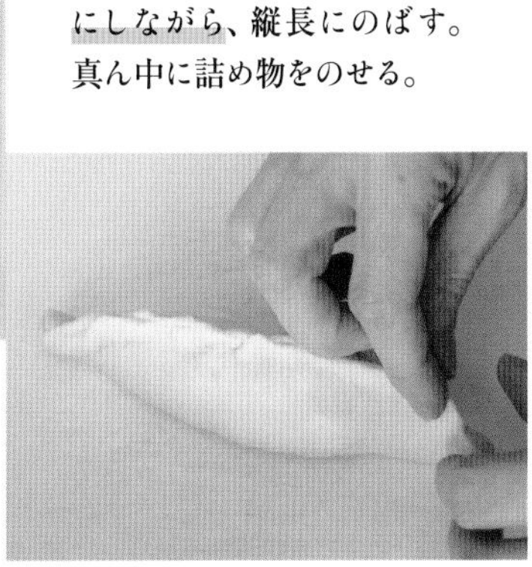

15 生地の左右(長辺)を持って合わせ、指でつまんで閉じる。

40ページに続く

キャベツのピロシキの作り方

Пирожки с капустой

16 生地の両端を合わせ、しっかりとつまんで閉じる。

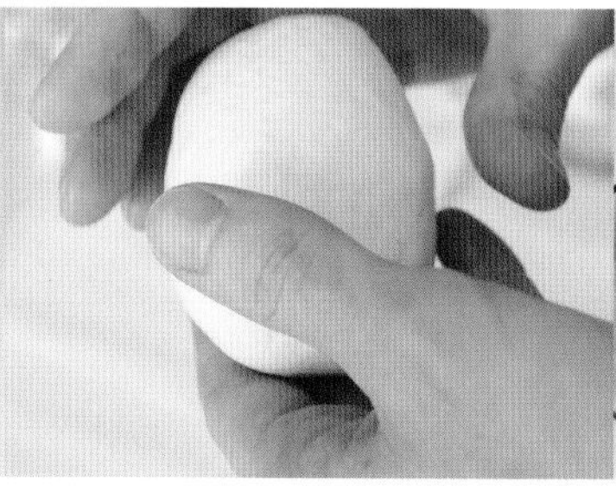

17 16の閉じ目をならし、全体に形を整える。

18 天板にオーブンシートを敷き、17を並べる。ラップをかぶせ、30分ほど発酵させる。

19 オーブンを200℃に予熱する。18に、はけで塗り卵を塗る。

20 200℃で20〜25分焼く。焼き色が濃くなったらアルミ箔をかぶせる。

21 焼き上がったら、ふきんをかぶせ、10分ほど休ませる。

ヴィタリ's メッセージ

❖少し軽やかな生地にするため、牛乳を水で割っていますが、牛乳だけ150mℓ使ってもよいです。
❖生地を発酵させる最適温度は36〜38℃。暑すぎないように！

詰め物バリエーション

ロシアでは、ピロシキの具の定番はキャベツですが、ほかにもさまざまな詰め物があります。人気があるのは、炒めた牛ひき肉、きのこ、ズラージ(→p.88)の具、そしてバターと砂糖で炒めたりんごや、甘く煮たチェリーなど！

きのこ＆チキン

りんごの甘煮

2 前菜とサラダ

ペポカボチャのイクラ

Кабачковая икра《カバチコヴァヤ・イクラ》

ヴィタリ's メッセージ

❖ロシア語の「イクラ」には魚卵だけでなく、細かく切った野菜やきのこなどで作る冷たい料理の意味もあります。

1930年代に作られたソ連時代の国家お墨付きレシピ(GOST)から。
ローカロリーで体によく、ロシアではスーパーでも売られていますが、
家でもよく作ります。まとめて作って瓶に入れておき、
そのまま前菜にしたり、パンに塗ったり、肉料理のつけ合わせにしたり。
ここではペポカボチャの代わりに、似た味わいのズッキーニで代用しています。

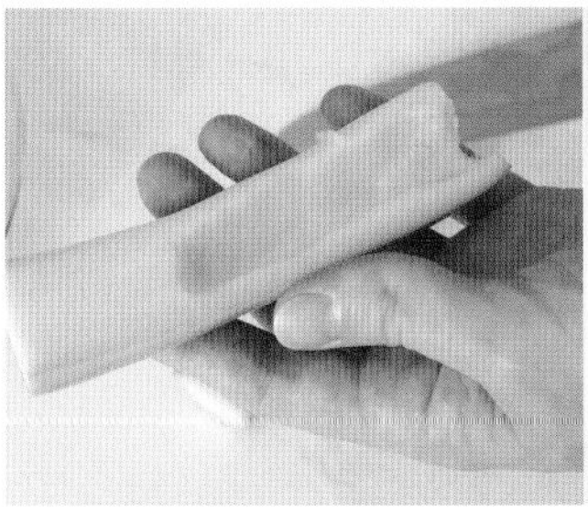

1 ズッキーニの皮をむき、縦半分に切って種を取る。1cm角に切る(写真**2**左)。

2 玉ねぎをみじん切りにし、にんじんを粗くおろす。にんにくをすりおろす。

3 フライパンを火にかけて油をひき、**1**のズッキーニを15分ほど炒める。

4 別のフライパンを火にかけて油をひき、弱火で**2**を10分ほど炒める。

5 **4**に**3**を入れ、ズッキーニが柔らかくなるまで、5〜7分炒める。

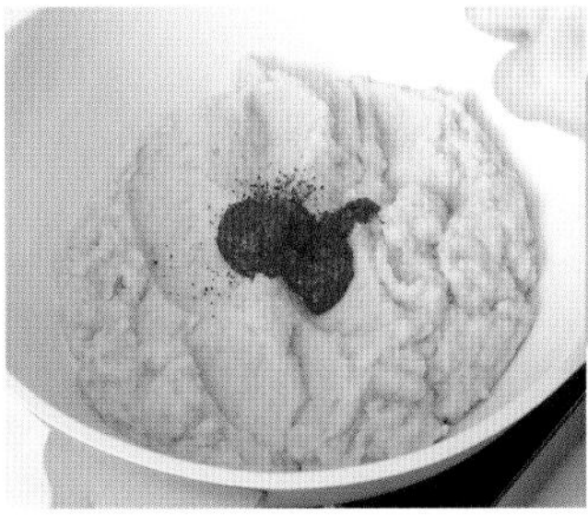

6 ブレンダーでなめらかなペースト状にし、フライパンに戻し、調味料を入れる。

7 弱火で10分ほど炒める。よく冷ましたらラップをし、冷蔵庫で2〜3時間、できればひと晩休ませる。

材料 作りやすい分量

ペポカボチャ(ここではズッキーニで代用)……350g
にんじん……25g
玉ねぎ……20g
にんにく……5g

調味料

- トマトペースト……17g
- 塩……3g
- 砂糖……1g
- こしょう……0.5g

油……適量

「オリヴィエ」サラダ

Салат “Оливье”《サラトゥ・「オリヴィエ」》

ロシア一の人気サラダは、19世紀のモスクワ生まれ。
「エルミタージュ」のリュシエン・オリヴィエシェフによって作られました。
1917年のロシア革命後、牛タンやザリガニなどの珍しい材料の代わりに
牛肉、鶏肉を使い、グリーンピースなどを入れる今の形になりました。
ロシア人にとって祝宴、とくにお正月のごちそうに欠かせない料理です。

ヴィタリ's メッセージ

❖グリーンピースは、ヨーロッパ産の缶詰をぜひ使ってみてください。色は少しくすんでいますがしっかりとゆでてあって、本場に近い味になります。
❖ご家庭によっては、さらににんじん、りんご、玉ねぎなどを入れることもあります。

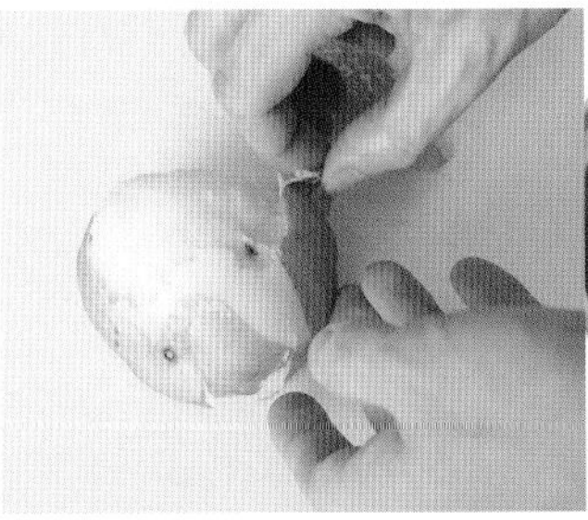

1　じゃがいもを皮つきのまま水に入れ、塩を加え、20分ほどゆでる。冷まして皮をむく。

2　鍋に牛肉、湯、塩、黒こしょうを入れて強火にかけ、アクを取って蓋をし、弱火で15分ほどゆでる。そのまま冷ます。

3　1のじゃがいもを1cmほどの角切りにし、ゆで卵は刻んで、ボウルに入れる。

4　ピクルスは縦半分に切り、幅5mmほどに切る。3のボウルに入れる。

5　2の肉は小さめに切り分け、同様にボウルに入れる。食感がかたいので、小さめに。

6　グリーンピースの水気をきってボウルに入れ、全体に軽く混ぜる。

7　塩、マヨネーズを加えてよく混ぜ、20分ほど冷蔵庫で休ませる。ハーブをのせる。

材料　3~4人分

- じゃがいも……3個
- ゆで卵……2個
- ピクルス……1瓶（正味185g）
- グリーンピース……大1缶（正味240g）
- 牛かたまり肉……250g
- マヨネーズ……大さじ2～3（ピクルスにより加減）
- 塩……適量（ピクルスにより加減）
- 黒こしょう（粒）……5～6粒
- お好きなハーブ（イタリアンパセリやディルなど）……適量

たら肝サラダ

Салат с печенью трески《サラトゥ・ス・ペチニユ・トゥレスキ》

ソ連時代、計画経済のため新鮮な魚はほとんど出回らず、
魚介といえば冷凍食品か缶詰が普通でした。
そのぶん缶詰はバリエーション豊かで、多くが安価。
たら肝の缶詰は、美味でビタミンなど微量栄養素が豊富ですが、
カロリーが高いので、ロシア人は少しずつ食べます。ウォツカとも好相性。

ヴィタリ's メッセージ

❖ロシアでは、たら肝(ペチェソ・トレスキー)の缶詰はどのスーパーでも買えるポピュラーな食材ですが、日本ではなかなか手に入らないので、あん肝缶で代用しています。たら肝と遜色なく、美味しいですよ。

1 あん肝とゆで卵をボウルに入れ、フォークでつぶす。

2 全体によく混ぜ合わせる。

3 きゅうりを粗くおろし、軽くしぼる。

4 **2**のボウルに、**3**のきゅうりを水気をきって入れ、軽く混ぜる。

材料 作りやすい分量

たら肝(あん肝缶詰で代用)……1缶(正味70g)
ゆで卵……2個
きゅうり……1本
塩……1〜2g
こしょう……少量
マヨネーズ……大さじ1
お好みのハーブ(ディルなど)……適量

5 塩、こしょう、マヨネーズを加え、よく混ぜる。器に盛り、お好みのハーブをのせる。

ヴィネグレット

Винегрет《ヴィネグレトゥ》

ロシア人の大好きなサラダをご紹介。作りたても、1日冷蔵庫でおいても美味しいです！
自分好みに、じゃがいもやビーツなどのベーシックな材料だけで、手早く作ります。
私のアレンジは、くるみを入れること。食感がよくなります。

材料 作りやすい分量

ビーツ……大1個（350g）
じゃがいも……2個（250g）
にんじん……1本（150g）
ピクルス……150g（お好みで加減）
くるみ……50g

ヴィネグレットソース*

オリーブオイル……大さじ3
白ワインビネガー……大さじ1

塩……2g
こしょう・ハーブ（ディルまたはイタリアンパセリがオススメ）……各適量

*代わりに、ピクルスの汁（大さじ3〜4）とオリーブオイル大さじ2を使ってもよい。

作り方

1 じゃがいも、にんじんは皮つきのまま、水から20分ほどゆでる（→p.54）。

2 ビーツは天地を切り落とし、別鍋で、皮つきのまま40分ほどゆでる（→p.55）。

3 **1**、**2**とも、水気をきって冷まし、皮をむく。それぞれ1cmほどの角切りにし、細かく切ったピクルスとともにボウルに入れて混ぜる。

4 くるみを包丁で細かく切り、**3**に入れて混ぜる。ヴィネグレットソース、塩、こしょう、刻んだハーブを加え、よく混ぜる。ひと晩おくと、より美味しくなる。

5 器に盛り、お好みでハーブをのせる。

ビーツとにんにくのサラダ

Свёкла с чесноком

スヴョクラ・ス・チスナコム

使う主材料は3つだけ。でもとても美味しく、簡単に作れる前菜です。
私の実家では、ビタミンが不足する長い冬、とくによく作ります。
ロシアではにんにくを食べると風邪をひかないといわれ、にんにく好きの父は……確かに風邪をひきません！

材料 作りやすい分量

ビーツ……1個
にんにく……1g
サワークリーム*……50g
塩……1g（お好みで加減）
こしょう……適量

*オリーブオイルを使っても美味しい。ヴィーガンのかたもどうぞ。

作り方

1 ビーツは天地を切り落とし、皮つきのまま40分ほどゆでる（→p.55）。

2 水気をきって冷まし、皮をむく。グレーターなどで粗くおろす。にんにくをすりおろしてペースト状にする。

3 **2**を軽く混ぜ、塩、こしょう、サワークリームを加え、よく混ぜる。

魚ときのこのリーブニク

Рыбник《リーブニク》

北ロシアの伝統的な魚料理で、リーブニクは「魚から作られた」の意味。
昔は、魚を一尾丸ごとパン生地に包み、ストーブで焼きましたが、
今は切り身魚を使ったり、ご紹介したレシピのように魚をミンチにしたり
バリエーションはさまざま。このレシピはとても簡単で大好きです！
温かいままでも、冷めても、冷蔵庫で冷やしても美味しいです。

ヴィタリ's メッセージ

❖生地は、包丁で白身魚を細かく切って、ほかの材料とよく混ぜ合わせてもかまいません。
❖生地の上には何ものせなくてもOK。チーズやハーブをのせても美味しいです。

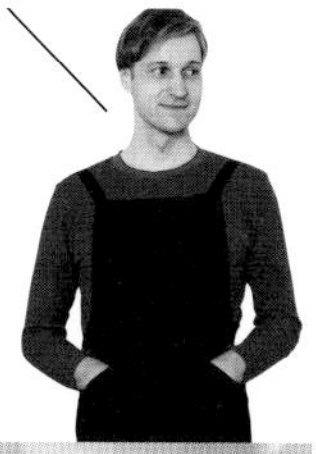

材料　8cm×6cm×18cmのパウンド型1台分

生地

白身魚（切り身）……350g
きのこ*……100g
玉ねぎ……1個
にんじん……1本
食パンの白い部分……50g
牛乳……適量

A

卵……1個
塩……2g
こしょう・ドライハーブミックス……各適量

油……適量
青ねぎ（小口切り）……適量
型紙用バター・パン粉……各適量

*ここではエリンギ、ホワイトマッシュルームを使用。

1　玉ねぎはみじん切りにし、にんじんは粗くおろす。きのこは細かく切る。

2　フライパンを火にかけ、油をひき、**1**を柔らかくなるまで弱火で5～7分炒め、冷ます。

3　パンを牛乳に浸して柔らかくする。白身魚の皮を取り、適当に切り分け、ミキサーに入れる。

4　パンを絞って加え、**A**も加え、ミキサーにかける。ボウルに出し、**2**を入れてよく混ぜる。

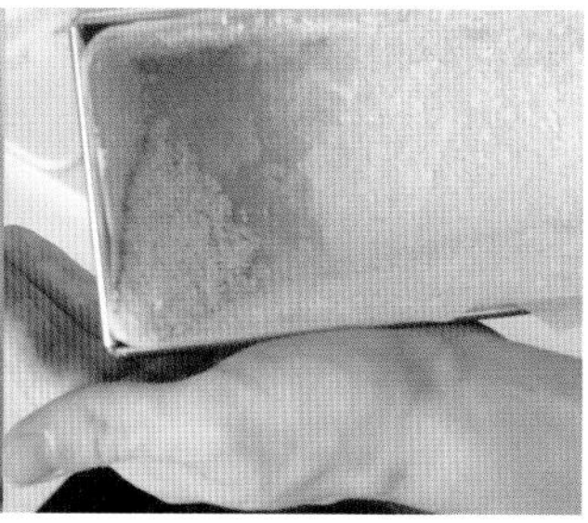

5　型紙にバターを塗り、塗った面を内側にして型に入れる。パン粉を入れて薄くまとわせ、余分は取り出す。

6　オーブンを200℃に予熱する。**5**の型に**4**の生地を入れ、青ねぎを散らし、アルミ箔をかぶせる。

7　200℃のオーブンで20分焼く。180℃に下げ、アルミ箔を取って20分焼く。少し冷めたらでき上がり。

ブジェニーナ

Буженина《ブジェニーナ》

ヴィタリ's メッセージ

❖焼き上がりも美味しいですが、粗熱をとったあと、数時間冷蔵庫で冷やすのが私好み。もっと美味しくなります。

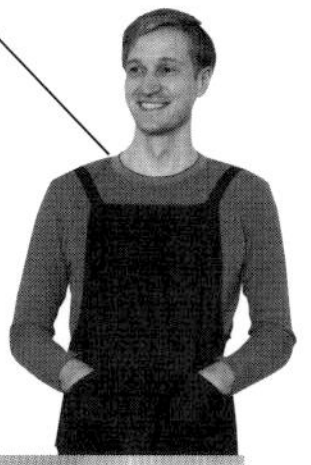

ロシアとウクライナの伝統料理で、16世紀には熊肉で作っていました。ブジェニーナは「薫製された」の意味。
皇帝アンナの一番好きな料理でした。ソ連時代はお正月のお祝いに食べる料理で、私の母は12月30日の夜、肉をアルミ箔に包み、オーブンで焼いてくれたものでした。
その素晴らしい香りと味をよく覚えています。

1　豚肉を冷水でよく洗い、ペーパータオルで水気を拭き取る。にんにくをそれぞれ3〜4等分する。

2　豚肉に小さく深い切り込みを入れ、にんにくを1切れずつ入れる。

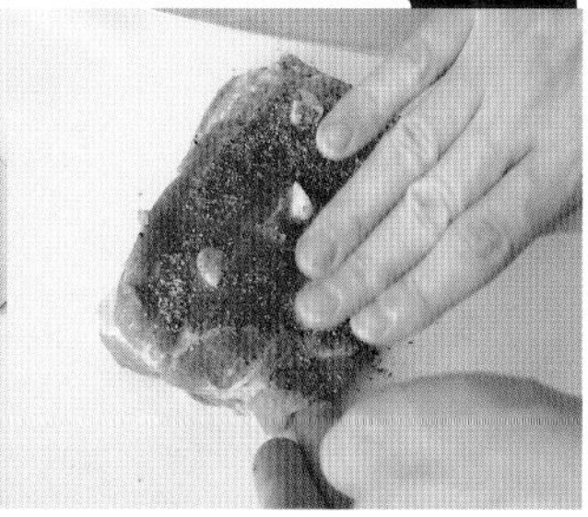

3　調味料**A**をよく混ぜ、肉全体によくすり込む。

4　バットに調味料**B**を入れて混ぜ、**3**の肉全体にまんべんなく塗る。

5　ラップにピチッと包み、1時間休ませる。冷蔵庫でひと晩マリネするとより美味しい。

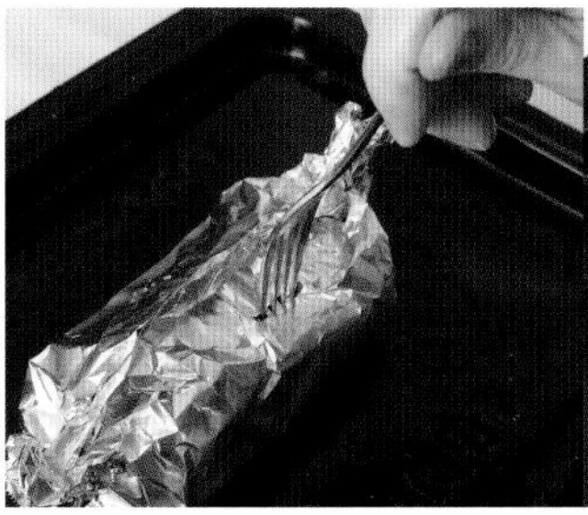

6　オーブンを180℃に予熱する。**5**のラップを取ってアルミ箔に包み、フォークで穴をあける。

7　180℃のオーブンで40分焼く。アルミ箔の上側を開け、さらに10分焼く。アルミ箔に包んだまま冷ます。

材料　作りやすい分量

豚かたまり肉（ヒレなど脂の少ない部位がオススメ）……500g
にんにく……2〜3かけ

調味料A

塩……4g
こしょう……2g
パプリカパウダー……2g
ドライハーブミックス……少量

調味料B

粒マスタード……15g
オリーブオイル……10mℓ

ロシア料理　きほんの食材レッスン

ロシア料理では、どのレシピにも共通して使うきほん食材があります。
ここでは主な3種類を取り上げ、扱い方を教わります。

lesson 1 | じゃがいも、にんじん、玉ねぎ

この本のレシピでよく登場する食材といえば、じゃがいも、にんじん、玉ねぎの3つ！ ヨーロッパの料理にはよく使われますね。なんといってもロシア人は、じゃがいもをよく食べるのです（フランス人やドイツ人ほどではありませんが）。にんじんと玉ねぎは、スープや煮込みには必ずといっていいほど使います。ビーツも同じですが、じゃがいもとにんじんをゆでるときは、「皮つきのまま、丸ごと」。火が通るのに20分ぐらいかかりますが、その間にほかの食材を切ったりして、あせらずにゆでましょう。ゆで終わったら取り出して、水気をきります。

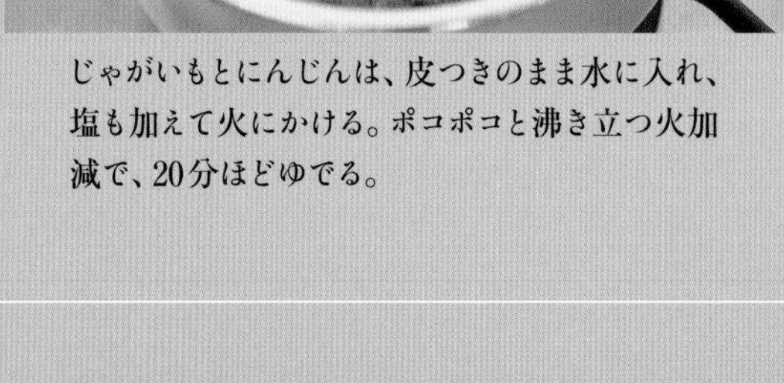

じゃがいもとにんじんは、皮つきのまま水に入れ、塩も加えて火にかける。ポコポコと沸き立つ火加減で、20分ほどゆでる。

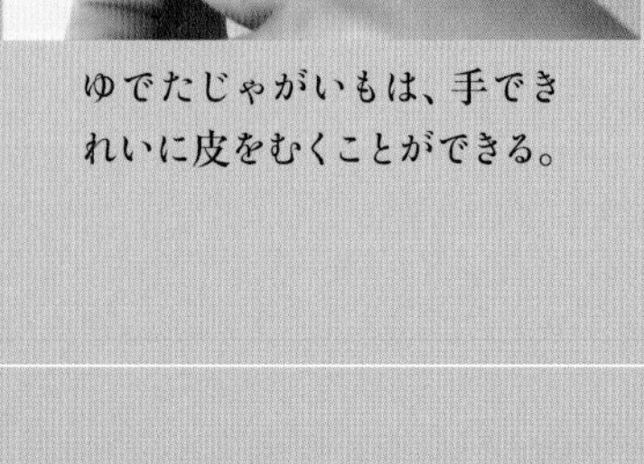

ゆでたじゃがいもは、手できれいに皮をむくことができる。

lesson 2 | ビーツ

今ではロシア料理に欠かせないビーツ。4000年ほど前から地中海沿岸、バビロン、アッシリアなどで栽培が始まり、薬としても使われていました。ロシアでは9～10世紀にはすでにビーツのことが知られ、14世紀から広範囲に伝わっていきました。北の寒いエリアでも南でもビーツを作っていて、17世紀には、ロシアのオリジナル野菜だと信じられるほどの大人気になりました。消化がよく美肌をはじめ、からだによいといわれますが、何よりも美味しいのです！日本では「サトウダイコン」の仲間といわれ、甘みが強いのが特徴で、ダイコンの名の通り根菜です。近年は日本でも、スーパーやデパートで生のビーツが買えるようになりました。缶詰もありますが、食感や風味を味わうなら、やはり生が一番！ゆで方を教わりましょう。

ビーツのゆで方

1　ビーツの天地を切り落とす。

2　深い鍋に**1**とかぶるくらいの水を入れる。すぐに赤色が出てくる。

3　強火にかけて、いったん沸騰したら弱火にして蓋をし、約40分ゆでる。

4　ゆで上がり。すぐに取り出して、水分をきる。皮をむかなければ、冷蔵庫で2～3日もつ。

lesson 3 | サワークリーム

この本でも多くのレシピに登場するサワークリーム。ロシアでは「スメタナ」といいます。スープや煮込みの仕上げに入れたり、黒パンに塗ったり、まろやかな酸味があってクリーミー。ロシアではどこのスーパーでも売られていて、乳脂肪分もさまざま。日本でも市販されていますが、ロシアのものよりもややかたくて濃厚です。サワークリームは簡単に手作りでき、また自分で作ると格別美味しい! 一番シンプルで作りやすいレシピをご紹介しましょう。自家製サワークリームのなめらかな食感は、やみつきになりますよ。

サワークリームの作り方

材料 作りやすい分量

生クリーム……120mℓ
牛乳……30mℓ
白ワインビネガー……10mℓ *
清潔で乾いた瓶(300mℓほど、蓋つき)……1瓶

*酸味の強いのがお好みなら、12~15mℓ使ってもよい。

1 瓶に生クリーム、牛乳、白ワインビネガーを入れる。

2 蓋をしっかりと閉め、軽くふる。

3 空気が通るよう、蓋を瓶の上に少しずらしてのせ、室温に置く。冬は24時間、夏場は16~18時間ほど。

4 上部が少しかたまっていたらでき上がり。軽く全体を混ぜ、蓋をして冷蔵庫で保存する。

3 ナチュラルなスープ

ッシー（作り方60ページ）

ロシアンスープ、作り方のきほん

ほとんどがひとつの鍋で作れるロシアのスープ。
「だしをとる→具を入れる→煮る→仕上げる」という非常にシンプルな作り方で、
これといった強いインパクトはありませんが、しみじみ味わい深く、
毎日飲みたくなる魅力があります。それもすべて、素材のナチュラルな旨みだけで作るからこそ。
簡単ですから、ぜひ覚えてください。

スープ作り、ポイントは3つ。

1 ブイヨンは不要! 素材から出るナチュラルな旨みを生かす。

昔むかし、ペチカ(暖炉)のあった時代は、牛肉などの骨や肉を何時間もかけて煮出し、ブイヨンをとっていました。でも現代は、ペチカのある家はほとんどありません。私の家にももちろんありません!　ただロシアはガス代がとても安いので、今でもガスコンロでまとめてブイヨンをとる家はありますが、日本で作るなら、ブイヨンもスープもひとつの鍋で作りましょう。まず最初に、鍋に肉や魚のアラを入れてゆで、アクをしっかり取り、その澄んだ煮汁をブイヨンにすればOK!

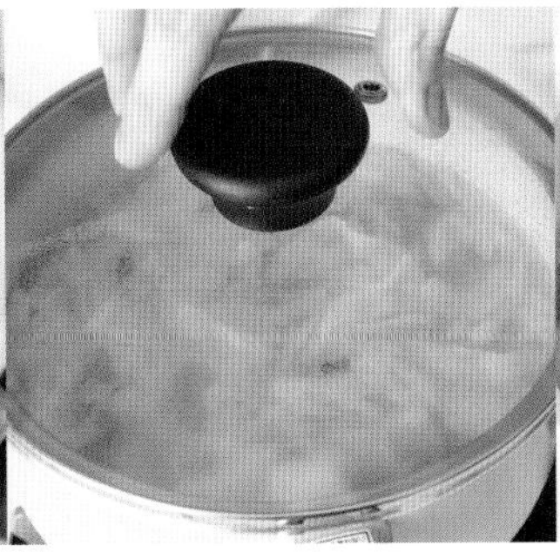

2 蓋をして弱火でコトコト煮る。

次に、**1**のブイヨン(と動物性の具)の鍋に、野菜などの具を加えます。蓋をして、弱火で、ほんの少し沸く火加減で煮ていきます。まさにコトコトといった感じ。これはペチカのあった時代の名残です。強火で一気に、ではなく、弱火で少しずつ。火加減は厳密でなくてもかまいませんし、時間もレシピより少々長くなっても、気にしなくてかまいません。ゆっくりと素材の旨みを引き出してあげましょう。

3 仕上げに火を止めてハーブを加え、余熱で香りを移す。

多くのレシピで、煮終わって火を止めたあと、刻んだハーブなどを入れて蓋をし、5〜10分蒸らします。この「最後のひとふり」で、全体にフレッシュな香りを移します。グツグツ煮るのではなく、余熱でやさしく、きれいな香りだけを移すことができ、味に深みが出るのです。この「10分の余韻」こそが、ロシアンスープをさらに美味しくしてくれます。

スープは違っても、作り方は同じ!

ツシーの作り方

Щи

大昔から、ロシア料理でもっとも大切なスープで、今でもロシア人が一番よく食べるスープです。
ちなみに「ツシー」は古代スラヴ語で「食べ物」の意味。キャベツは9世紀にロシアに伝わり、
さまざまに使われてきました。昔から伝わる「ツシー」のレシピを読むと、材料を粘土や銑鉄の鍋に入れ、
ストーブでコトコトと長時間煮込んで作ったものでした。牛肉のブイヨンをベースに、
キャベツ、にんじん、玉ねぎ、ハーブが入り、18世紀からはじゃがいもも加わりました。
今は魚や鶏肉、きのこのブイヨンでも作られています。
このスープには、黒パンとサワークリームがオススメです。生のキャベツの代わりに、
ザワークラウトで作る「酸っぱいツシー」もとても美味しいので、ぜひ作ってみてください。

1 牛肉を冷水でよく洗い、ひと口大に切って鍋に入れ、湯を注ぐ。

2 強火にかけ、浮いてきたアクをきれいに取り除く。

3 蓋をして弱火にし、10分ほどゆでる。肉に火を入れながら、だしをとる。

4 じゃがいもは1cmほどの角切りに、にんじんは薄い半月切りに、キャベツは約1cm幅に切る。

材料 作りやすい分量

牛かたまり肉……150g
キャベツ……200g
じゃがいも……1個
にんじん……1本
湯……1ℓ
塩……5〜6g
黒こしょう（粒）……15粒ほど
ローリエ……2枚
イタリアンパセリ……2〜3本（葉だけ使用）

5 3の鍋にじゃがいも、にんじん、塩、黒こしょうを入れる。

6 強火にしていったん沸かし、蓋をして弱火にし、15分ほど煮る。写真は煮終わり。

7 キャベツを入れて、全体を軽く混ぜる。

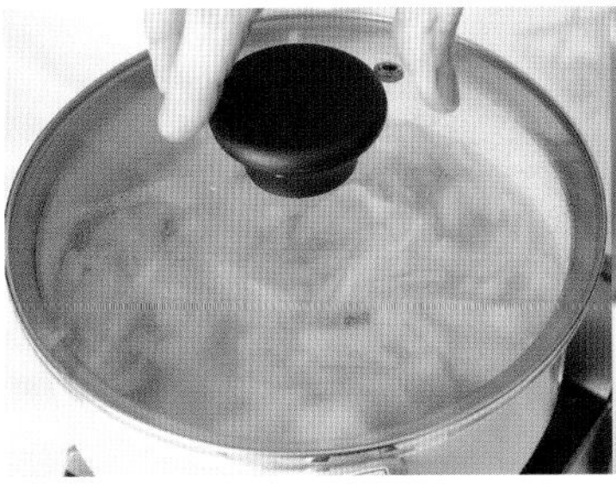

8 蓋をして、キャベツが柔らかくなるまで5分ほど煮る。ローリエを半分に折って加え、2〜5分煮る。

9 イタリアンパセリを細かく切る。

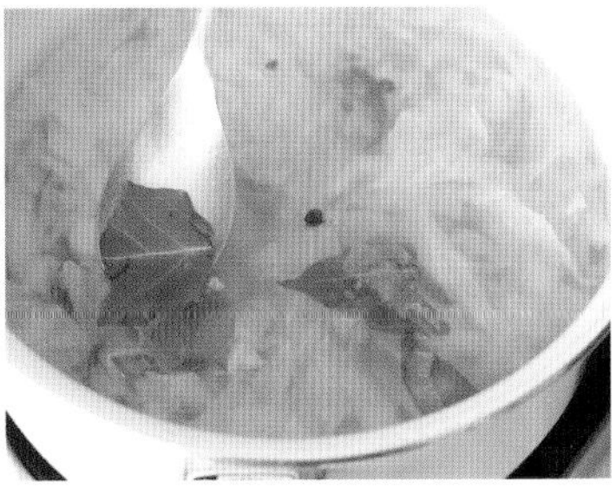

10 8のローリエを取り出し、火を止める。

11 9のイタリアンパセリを入れ、軽く混ぜる。

12 蓋をして、5〜10分休ませる。

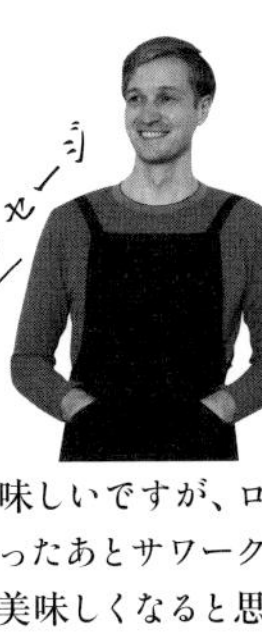

ヴィタリ's メッセージ

❖そのままでもとても美味しいですが、ロシア人としては、器に盛ったあとサワークリームを入れるともっと美味しくなると思います!

ウハ　Уха《ウハ》

ヴィタリ's メッセージ

❖酸化の心配がない（アルミや銑鉄ではない）鍋を使いましょう。

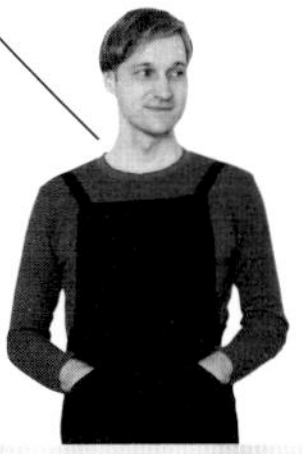

魚のアラでだしをとるウハは、釣り好きに人気の高いスープ。
ロシアのスープの原点で、11〜12世紀にはどんなブイヨンを使ってもスープなら何でも「ウハ」と呼ばれていたほどです。
18世紀に魚ベースのスープだけ「ウハ」と呼ぶようになりました。
脂が少なくクリアなスープは、白パンやピロシキと一緒にどうぞ。

材料　作りやすい分量

白身魚のアラ*……適量
白身魚の切り身（2〜3種類）……400g
じゃがいも……1個
にんじん……1/2本
セロリの茎……1本分
玉ねぎ……1個
湯……1ℓ
塩……4gほど（お好みで）
黒こしょう（粒）……8粒ほど
ローリエ……1枚

*頭、尾、大きい骨などを使う。ここではいさきを使用、切り身はさわら、たらを使用。

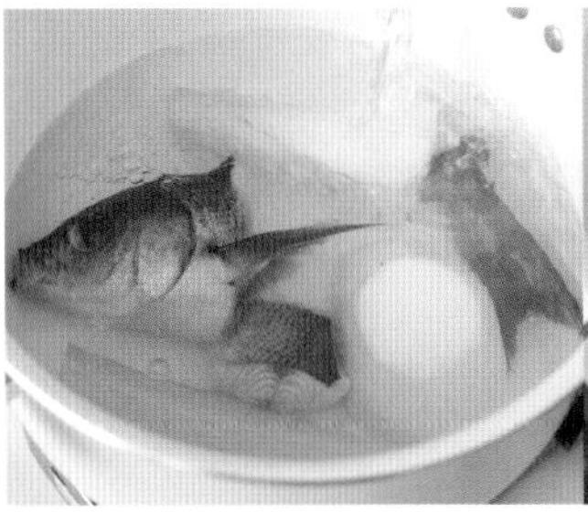

1　魚のアラ、セロリの茎、玉ねぎ1/2個を鍋に入れ、湯を注ぐ。火にかけて沸かし、アクを取る。

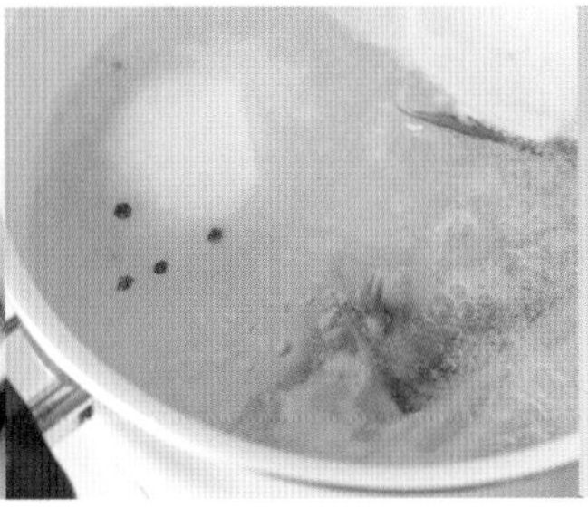

2　弱火にして黒こしょうを加え、蓋をして30分ほど煮出す。材料を取り出す。これが魚のだし。

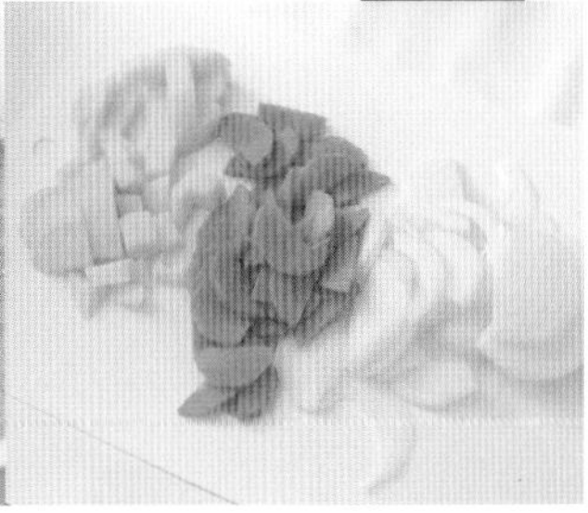

3　じゃがいもは1cmほどの角切りに、にんじんは薄い半月切りに、玉ねぎ1/2個は薄切りにする。

4　**3**を**2**の鍋に入れ、中火にかけて沸かす。蓋をして弱火にし、5〜7分ほど煮る。

5　白身魚の切り身を冷水でよく洗い、ひと口大に切る。

6　**5**を**4**に入れ、塩も加えて沸かす。蓋をせず、弱火で10〜15分ほど煮る。適宜アクを取る。

7　ローリエを半分に折って加える。火を消し、蓋をして、5分ほど休ませる。

ほうれん草のスープ

Шпинатный суп《シュピナトゥニイ・スープ》

ロシアではスカンポで作るこのスープ。「緑のボルシチ」ともいわれます。ここでは日本で身近なほうれん草を使い、レモン果汁で酸味を調整し、オリジナルに近い味に。
軽やかな味わいを楽しんでください。ロシア人はこのスープにゆで卵を入れます。意外かもしれませんが、これが美味しい! サワークリームを入れるのもオススメです。

ヴィタリ's メッセージ

❖ほうれん草の根元はかたいので使いません!
❖このスープは作りおきせず、当日食べきるのが美味しい食べ方です。

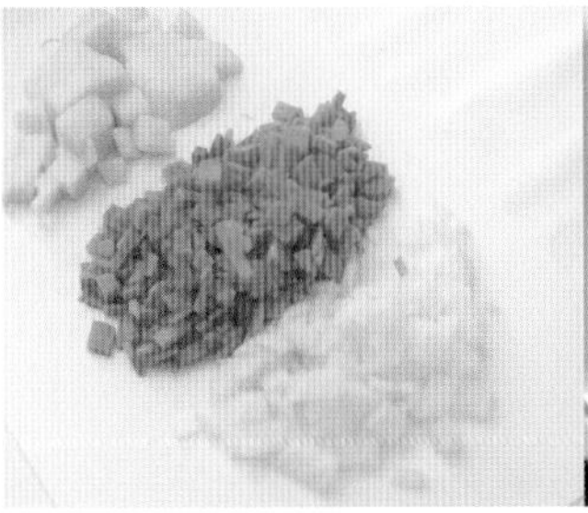

1 にんじん、玉ねぎを粗みじん切りにする。じゃがいもを1cm角に切る。

2 鍋を火にかけて油をひき、にんじん、玉ねぎを入れて2〜3分炒める。

3 野菜がしんなりしたら湯を注ぎ、沸かす。じゃがいも、塩、黒こしょうを加え、蓋をする。

4 弱火にして10分ほど煮たら、ほうれん草の葉をちぎって加える。ローリエを半分に折って加える。

5 いったん強火で沸かす。蓋をして弱火にし、5分ほど煮る。

6 火を止めてレモン果汁を加え、ローリエを取り出す。塩適量(分量外)、イタリアンパセリを加えて混ぜる。

7 蓋をして15分ほど休ませる。ゆで卵を切り、器に盛ったスープに入れる。サワークリームをのせる。

材料 作りやすい分量

- ほうれん草の葉……100g
- じゃがいも……1個
- にんじん……1/2本
- 玉ねぎ……1/2個
- 湯……1ℓ
- レモン果汁……15mℓ(お好みで加減を)
- 塩……5g
- 黒こしょう(粒)……8粒ほど
- ローリエ……2枚
- イタリアンパセリ(刻む)……適量
- 油……適量
- ゆで卵……1個
- サワークリーム……適量

ラッソールニク

Рассольник《ラスソルニク》

ロシア料理の特徴は〝酸味と塩味〟。その味付けで、15世紀からずっと人気のスープです。
このスープではピクルスをびっくりするほどたくさん使いますが、大丈夫。
とても爽やかな味わいです。この料理にも、サワークリームと黒パンがオススメ。

材料 作りやすい分量

牛かたまり肉……150g
ピクルス（5mm厚さの輪切り）
……1瓶分（正味185g）
じゃがいも（1cmの角切り）……1個分
玉ねぎ（みじん切り）……1/3個分
もち麦……25〜30g
湯……1ℓ
黒こしょう（粒）……8〜10粒
塩……5〜6g（ピクルスにより加減）
ローリエ……1枚
イタリアンパセリ・サワークリーム
……各適量

作り方

1 もち麦を適量の湯（分量外）に30分ほど浸け、柔らかくする。よく洗う。

2 牛肉を冷水で洗い、細長く切って鍋に入れ、湯を注いで火にかける。アクが出たら取り除き、弱火で10分ほどゆでる。

3 **2**にじゃがいも、玉ねぎ、**1**、黒こしょう、塩を加えて強火で沸かす。沸いたら蓋をして、弱火で15〜20分煮る。ピクルス、半分に折ったローリエを加え、5〜7分煮る。

4 火を止め、蓋をしたまま5分ほど休ませる。

5 器に盛り、イタリアンパセリとサワークリームをのせる。

きのこのスープ

Грибной суп《グリブノイ・スープ》

ヨーロッパでは、きのこのスープは定番。今回は、我が家のレシピをご紹介します。フレッシュきのこで作るのが基本ですが、長い冬は、ドライきのこで作っていました。私は物理探査者の父と毎夏、北ロシアに行って、森できのこをたくさん採ってストーブで乾かし、家に持ち帰りましたよ！

材料　作りやすい分量

お好きなきのこ*（1.5〜2cmの角切り）
……200g
じゃがいも（1cmの角切り）……2個分
にんじん（粗みじん切り）……1本分
玉ねぎ（粗みじん切り）……1個分
もち麦……25g
湯……1ℓ
油……大さじ2〜3
塩……3〜4g
黒こしょう（粒）……8粒ほど
ディルの葉（細かく刻む）……適量

*ここではエリンギ、ホワイトマッシュルームを使用。

作り方

1　もち麦を適量の湯（分量外）に30分ほど浸け、柔らかくする。冷水でよく洗う。

2　鍋に油をひき、きのこ、じゃがいも、にんじんを5分ほど炒めて、湯を注ぐ。蓋をして弱火にし、5分ほど煮る。**1**、塩、黒こしょうを加えて強火で沸かす。沸いたら蓋をして、弱火で15〜20分煮る。

3　火を止め、ディルを加え、蓋をして5分ほど休ませる。

サーモンときのこのスープ

Суп из лосося с грибами《スープ・イズ・ラソシャ・ス・グリバミ》

とても簡単に作れるのに、美味しくて大満足、やさしい味わいの現代ロシア家庭料理です。ロシアや北ヨーロッパでは赤い魚、とくにサーモンが大人気で、私も大好きです。私が生まれ育った街、サンクトペテルブルクは、フィンランドのヘルシンキにとても近く、味が素晴らしいと有名なフィンランドのサーモンを使った料理も多くあります。

材料 作りやすい分量

サーモン……200g
じゃがいも……2個
玉ねぎ……1個
にんじん……1本
マッシュルーム……4個
にんにく……1かけ
湯……1ℓ
塩……4〜5gほど
黒こしょう（粒）……8〜15粒（お好みで）
ローズマリー……1〜2本（お好みで）
ディル（刻む）……適量
バター（食塩不使用）……15g

作り方

1 じゃがいも、にんじん、マッシュルームをそれぞれ1cmの角切りにする。玉ねぎ、にんにくはみじん切りに。

2 鍋にバターを入れて火にかけ、**1**を加え、3〜5分ほど軽く炒める。湯を注ぎ、沸いたら塩、黒こしょう、ローズマリーを入れ、蓋をして弱火にし、10分ほど煮る。

3 サーモンを3〜4cmに切り、**2**に入れて沸かす。沸いたら蓋をして、弱火にして10分ほど煮る。

4 火を止め、ディルを入れて蓋をし、5分ほど休ませる。

魚の缶詰スープ

Суп из рыбных консервов《スープ・イズ・リブニフ・カンセルヴァフ》

ソ連時代に人気のスープで、とくに時間がないときに重宝します。学生がキャンプや山へ行ったときに作る料理としても知られています。ロシアはさばがとても美味しく、しかも高価ではありません。母はいつもこのスープをさば缶で作ってくれたので、日本でも作りやすいですね。材料が少なく、20〜25分でできる、ビックリするぐらい美味しいスープです。

材料 作りやすい分量

お好きな魚の缶詰*……1缶
じゃがいも……1個
にんじん……1/2本
玉ねぎ……1/3個
湯……1ℓ
塩……3gほど（缶詰による）
こしょう……適量
ローリエ……1枚
青ねぎ（小口切り）……適量

*今回は、私のオススメ・さば缶を使用。

作り方

1 じゃがいもとにんじんを1cmほどの角切りにする。玉ねぎを薄切りにする。

2 鍋に**1**を入れ、湯を注いで蓋をし、15分ほど煮る。

3 魚の缶詰の汁気をきって**2**に加え、塩、こしょう、半分に折ったローリエも加え、沸かす。沸いたら蓋をして弱火にし、5分ほど煮る。

4 火を止め、青ねぎを入れて蓋をし、5分ほど休ませる。

ミートボールのスープ

Суп с фрикадельками《スープ・ス・フリカデリカミ》

子供のころから、私が一番好きなスープ。
ベースは同じでも、おうちによって具が違います。
牛ひき肉、じゃがいも、にんじん、塩、黒こしょう、ローリエ――
母はいつもとてもシンプルな材料で作りますが、それだけで素晴らしい味！
私が一番よく作る、母のレシピをご紹介します。

ヴィタリ's メッセージ

❖このスープと、バターを塗った黒パンを一緒に食べたら、最高です！

1　じゃがいもを1cmほどの角切りに、にんじんを厚さ2～3mmの輪切りにする。

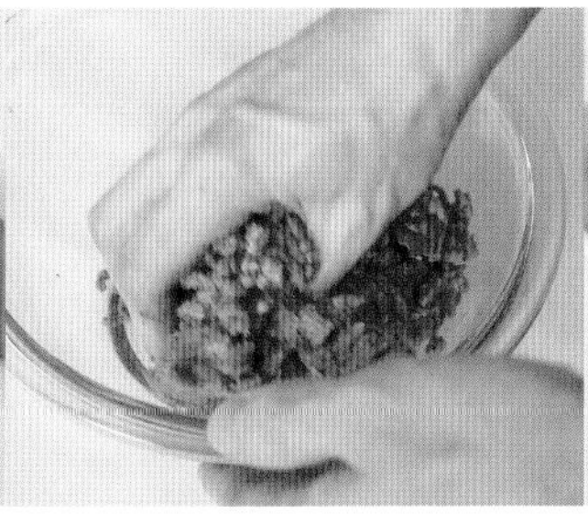

2　ボウルに牛ひき肉、肉だね用調味料を入れてよく混ぜる。

3　**2**を直径1.5～2cmほどの小さい球に丸める。

4　鍋に**1**を入れて湯を注ぎ、**3**を加えて強火にかける。

5　沸いて、浮き上がってきたアクを取り除く。

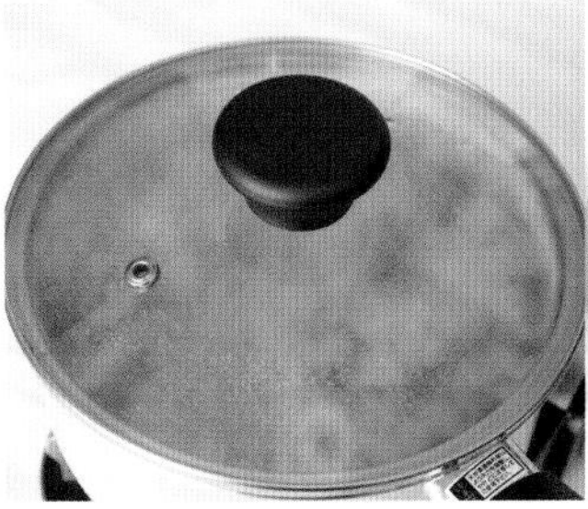

6　塩、黒こしょうを加え、蓋をして弱火にし、15分煮る。

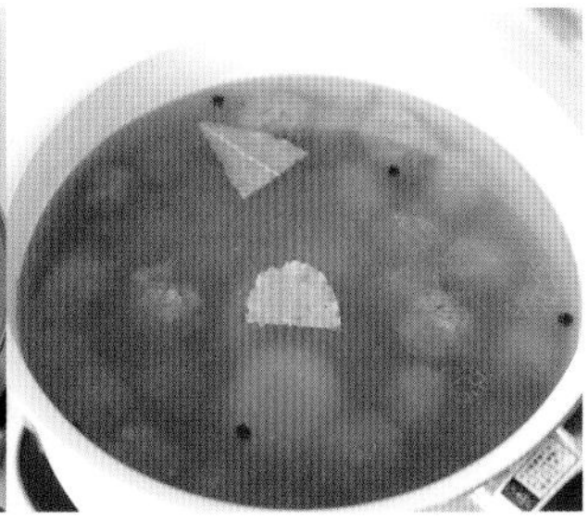

7　ローリエを半分に折って加え、火を止めて5分休ませる。器に盛り、イタリアンパセリを散らす。

材料　作りやすい分量

牛ひき肉……200g
じゃがいも……1個
にんじん……1/2本
湯……1ℓ

肉だね用調味料
- 塩……3g
- こしょう・ドライハーブミックス……各適量
- パプリカパウダー……2g

塩・黒こしょう（粒）……各適量
ローリエ……2枚
イタリアンパセリ（粗く刻む）……適量

ラプシャの入ったチキンスープ

Куриный суп с домашней лапшой《クリニイ・スープ・ス・ダマシュニイ・ラプショイ》

ヴィタリ's メッセージ

❖ここでは骨からも旨みの出る手羽元を使いましたが、鶏もも肉、鶏むね肉などを使っても美味しいです。鶏むね肉なら、作り方**1**で洗ったあと、細長く切るほうが旨みが出ます。

❖火を止めたあと、ハーブを入れて蓋をするとより味わい深くなります。イタリアンパセリがオススメです。

ロシアでは、風邪のときよく食べるのがチキンスープ。
幼稚園のころ、よく風邪をひく私に母が作ってくれたのを思い出します。
ソ連時代の鶏肉は品質があまりよくなかったため、
シンプルに焼くより、煮込んでスープにしたものでした。
麺も入るので、ワンディッシュでお腹が満たされます。

材料　作りやすい分量

- 鶏手羽元（もも肉やむね肉でも）……300g
- 玉ねぎ……1/2個
- にんじん……1/2本
- セロリ……1本
- いんげん……50g
- 湯……1ℓ
- 塩……3〜4g
- 黒こしょう（粒）……5〜6粒
- ローリエ……2枚

ラプシャ

- 小麦粉（準強力粉）……100g
- 卵……1個
- 塩……1g

1　鶏肉を冷水でよく洗い、鍋に入れて、湯を注ぐ。

2　強火にかけて沸かし、浮いてきたアクを取り、蓋をして弱火にし、10分ほどゆでる。

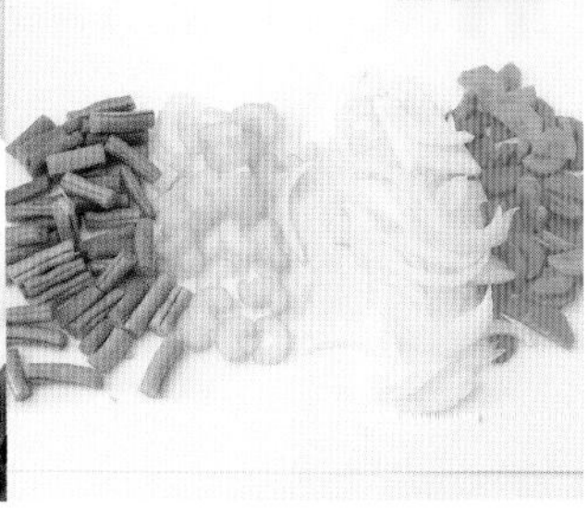

3　玉ねぎを薄切りに、にんじんを薄い半月切りに、セロリを1cm幅に、いんげんを長さ2cmほどに切る。

4　**2**に玉ねぎ、にんじんを入れて沸かし、沸いたら蓋をして、20分ほど煮る。

5　セロリを入れ、蓋をして5分ほど煮る。塩、黒こしょうを加える。

6　いんげん、半分に折ったローリエを加え、蓋をして5〜7分煮る。ローリエを取り出す。

7　ラプシャ（作り方→p.74）を1本ずつ加え、3〜5分煮る。火を止め、蓋をして、5〜7分休ませる。

ラプシャの作り方

簡単に作れるうえ、スープに入れて具にしても、ゆでてソースをからめて食べても美味しい、
いわゆる手打ちパスタです。まとめて作っておき、食品用保存袋に入れ、
冷凍しておくととても便利です。

1　ボウルに材料を入れてスプーンで混ぜ、手で軽くこねる。

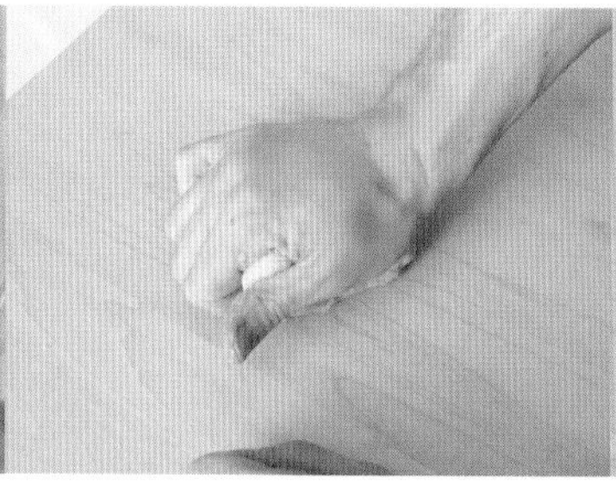

2　ひとまとまりになったらボードに取り出し、しっかりこねる。

3　表面がなめらかになったらひとまとめにし、5分ほど休ませる。

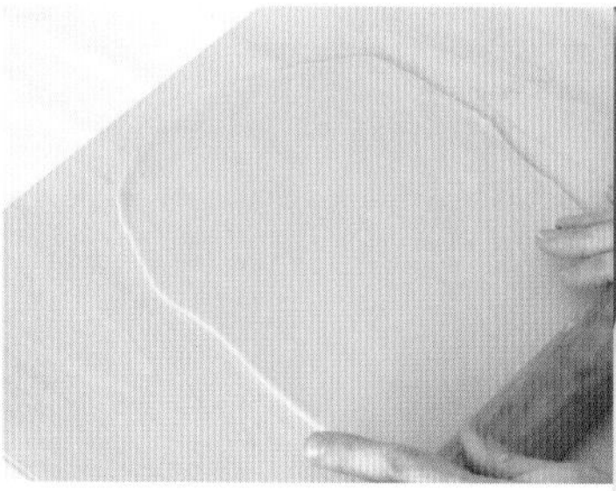

4　麺棒で厚さ1mmほどに薄くのばす。

5　包丁で幅2〜3mmほどに切り分ける。

6　ほぐしてそのままおき、少し乾かす。

4 メインディッシュ

昔のレシピから――

牛肉と野菜の煮込み

Говядина с овощным рагу《ガヴャディナ・ス・アヴァシュニム・ラグ》

ひとつの鍋で肉を弱火でゆっくり煮込む、これが伝統的なロシア家庭料理の調理法の特徴です。この「牛肉と野菜の煮込み」も同じで、これといった特別な名前のない料理ですが、いつも祖母が作ってくれて、私の家族は「おばあちゃんのラグー」と呼んでいます。

私の両親は共働きでいつも家にいませんでしたが、祖母は私が生まれたときから同居していて、思い出がたくさんあります。祖母は若いころ、昔の料理本でこのレシピを読んだといっていました。祖母は1913年生まれ。まだロシア帝国時代です。

この料理の特徴は、パプリカパウダーを使うこと。赤パプリカの粉末で、ほとんど辛みがなく、いい香りが漂います。これはハンガリーの定番料理グヤーシュに欠かせないスパイスで、ほんのひとふりしか入れませんが、どことなく異国の味にしてくれます。この料理は温め直しても味が変わらないので、まとめてたくさん作りおきしておけます。冬の寒い日のディナーにとくにオススメです。

日本に住む今も、この料理を作って部屋に美味しそうな香りが漂うと、まるでサンクトペテルブルクの家に帰ったような、ホッと安心した気持ちになります。

知っていますか？ ロシアの文化

ロシア人がよく食べる「そばの実」

この本でも時々出てくる「そばの実」。ロシアでは大昔から大切な食材で、日本のスーパーでロシア産のものが手に入ります。そばは8世紀ごろ、ビザンティウムからロシアに伝わり、ギリシャの修道士たちが栽培していました。ロシア語でギリシャは「グレツィヤ/Греция」ということから、そばも「グレチャ/греча」(ギリシャの粒の意味)と名づけられました。スラヴ系の民族は美味しいそばが大好きになり、カシャ(お粥)、つけ合わせ、料理の具、そば粉にして粉料理の材料などで使ったことから、そばの実は今もロシア料理のひとつの特徴なのです。

牛肉と野菜の煮込みの作り方

Говядина с овощным рагу

1 牛肉を冷水でよく洗い、水気をよく拭き取り、3cm角に切る。

2 玉ねぎは薄切りに、にんじんとセロリは輪切りに、じゃがいもは1cm角に、にんにくはみじん切りにする。

3 フライパンを火にかけ、油をひき、牛肉を色が変わるまで軽く炒める。

4 玉ねぎ、にんにくを加え、玉ねぎがしんなりするまで炒める。

5 にんじんを入れて5～7分炒め、セロリを加え、2～3分炒め合わせる。

6 じゃがいもを入れ、塩、こしょう、チリペッパー、パプリカパウダーをふり入れる。

7 トマトペーストを加えて全体を混ぜ合わせ、ブイヨンを注ぐ。

材料　作りやすい分量

牛かたまり肉……300g
玉ねぎ……1個
じゃがいも……1個
にんじん……1本
セロリ……1本
にんにく……1かけ
ブイヨン*……70～80mℓ
トマトペースト……20g
パプリカパウダー……1g
ローズマリー……2本
塩……2～3g
こしょう・チリペッパー……各少量
油……適量

*市販の固形ブイヨン1個を湯で溶いたもの。

8　ローズマリーをのせ、蓋をして、弱火で25分ほど煮込む。

9　煮込み終わったら火を止め、そのまま5分ほど休ませてでき上がり。器に盛る。

知っていますか? ロシアの文化

ソ連には、国家の公認レシピがありました

ソ連時代は「計画経済」がとられ、国家が食材を管理し、小麦粉はこの地方に何トン、砂糖はこの地方に何トン、というふうに計画的に決めていました。その一環として1925年、ГОСТ(GOST規格)という標準規格ができ、品質を一定にするための検定システムが生まれました。食品や料理もすべて検定が必要で、認定されたらスタンダードとして使う材料、分量、作り方などを守らなくてはなりません。ソ連全土で同じ品質を保つようにしたのです。

このシステムのおかげで、モスクワでもウラジオストクでも、美味しいものは等しく美味しかったのです。ГОСТレシピで作ると、私が子供のころから知っている味を守ってくれます。この本でも多数ご紹介していますので、ぜひ、作ってみてください!

ロシアではお正月を盛大に祝います

ヨーロッパでは、一年で一番盛大にお祝いするのはクリスマスですが、ソビエト連邦、今のロシアではニューイヤーです。

ロシア帝国時代は、ヨーロッパと同じようにクリスマスをお祝いしていましたが、ロシア革命(1917年)後、ボリシェヴィキ(レーニンが率いた政党)がロシア正教を禁止しました。そのため、クリスマスを祝えなくなりましたが、国民は、長い冬の間、祝日の楽しみに慣れていたため、政府は代わりにお正月をお祝いすることにしました。クリスマスツリーはニューイヤーツリーになり、料理をたくさん作り、家族が集って、朝までお祝いすることになったのです。

私が子供のころは、12月31日はずっと準備のために使い、23時から1月1日の3時ごろまで食事を楽しみました。ロシア人はお正月を楽しく、美味しい料理を食べながら過ごせることで、新しい一年も幸せになると信じているのです。

母のレシピから――

牛肉の玉ねぎソース煮込み

Говядина в луковом соусе《ガヴャディナ・ヴ・ルカヴァム・ソウセ》

柔らかく、やさしい味の肉、甘みがあって最高の玉ねぎ。
つけ合わせのそばの実とともに食べる、今でも大好きな母の料理です。
ポイントはマスタードで、これが肉を柔らかくしてくれます。
温めるだけでお昼ご飯が食べられるよう、朝、仕事に行く前に
この料理を仕込んでくれた母のやさしさを今でも感じます。

ヴィタリ's メッセージ

❖ロシアではよく、そばの実をつけ合わせにします。とてもオススメです。ほかにマッシュポテトを添えても美味しいです。

1 牛肉を冷水でよく洗い、水気を拭き取る。3cm角に切る。玉ねぎを薄切りにする。

2 鍋を火にかけ、油をひき、牛肉と玉ねぎをフライパンに入れ、炒める。

3 玉ねぎがしんなりするまで炒める。

4 ひたひたの湯、塩、黒こしょうを入れて沸かし、蓋をして、中火で20分ほど煮る。

5 粒マスタード、サワークリームを入れて軽く混ぜる。

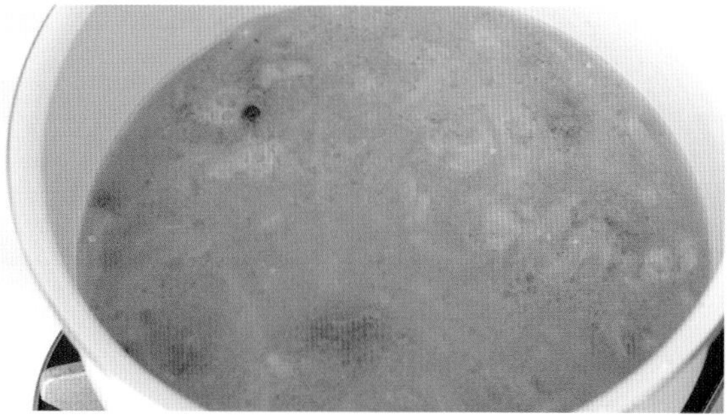

6 ローリエを入れて蓋をして、弱火で10分ほど煮る。器に汁ごと盛り、そばの実を添える。

材料 作りやすい分量

- 牛肉……350g
- 玉ねぎ……2個
- 湯……適量
- 塩……3～4g
- 黒こしょう（粒）……10粒
- ローリエ……1～2枚
- 粒マスタード……5g
- サワークリーム……大さじ2
- 油……大さじ2～3
- ゆでたそばの実（→p.97）……お好みで

パジャールスキエ・メンチカツ

Пожарские котлеты《パジャルスキエ・カトゥレティ》

ロシアで「パジャールスキエ・カツレーティ」といわれるこの料理名は、19世紀の初め、トルジョークという、サンクトペテルブルクから500kmほど離れた街にあった居酒屋の亭主の名前からついたとされています。居酒屋の亭主の名は、エヴドキーム・パジャールスキー。「パジャールスキエ」は「パジャールスキーの」という意味です。この居酒屋は、ロシアの大詩人プーシキンが詩で引用したほど、大評判となりました。

パジャールスキーさんは、メンチカツを仔牛の肉で作りましたが、1830～40年ごろ、娘のダーリアさんが店を譲り受けたとき、鶏肉に変わりました。その美味しさはたちまちブームとなり、1838年のロシアの観光ガイドでは「トルジョークでのオススメの料理」に選ばれました。外国人旅行者、なかでも美食家のフランス人もこの料理をほめたたえたものでした。

大絶賛した人の一人、詩人のテオフィル・ゴーティエは、あまりにも美味しいのでフランスのレシピではないか、と思ったほどでした。

さらに、ロシア皇帝のニコライ1世がトルジョークを訪れたときのこと。街の名物料理パジャールスキエ・カツレーティを食べたところ非常に気に入り、食べたくなると、ダーリアさんを首都サンクトペテルブルクに呼んだのでした。

ダーリアさんの死後、店はなくなりましたが、パジャールスキエ・カツレーティの料理は受け継がれ、今では定番のロシア料理になりました。現在は皇帝ではなくても、トルジョークまで行かなくても、作れば誰でも楽しむことができますね！

パジャールスキエ・メンチカツの作り方

Пожарские котлеты

1 鶏肉を包丁で細かく切る。

2 パンを牛乳(または生クリーム)に浸して柔らかくする。

3 ボウルに**1**、塩、こしょうを入れ、**2**を手で絞って加える。

4 つかむようにして混ぜ、全体になじませる。

5 さらに、パン生地をこねるように、時々ボウルの上から落とし、2〜3 分混ぜる。

6 ラップをかぶせ、冷蔵庫で30分ほど冷やす。

7 冷たいバターを1cmほどの角切りにして、**6**に加える。

材料 8個分

鶏肉(むね、もも、または両方)……500g

食パンの白い部分……75g

牛乳(または生クリーム)……100mℓほど

バター(食塩不使用。冷たいもの)……100g

塩……2〜3g

こしょう・パン粉・油……各適量

8 混ぜて、バターを全体に行きわたらせる。これで生地のでき上がり。

9 生地をメンチカツの形に整え、パン粉をまぶし、10分ほど冷蔵庫で冷やす。

10 フライパンを火にかけ、油を少量注ぎ、**9**を並べる。

11 軽く焼き色がついたら裏返し、両面とも、きつね色になるまで焼く。オーブンを180℃に予熱する。

12 天板にアルミ箔を敷き、**11**を並べ、180℃で10分ほど焼く。

ヴィタリ's メッセージ

❖マッシュポテトと一緒に、焼きたての温かいうちに食べるのがオススメです。

ヴォルガ風の魚メンチカツ

Рыбные котлеты “Волжские”《リブニイ・カトゥレティ「ヴォルジュスキイ」》

魚が豊富に獲れるロシアでは、16世紀にはすでに、
魚を細かくミンチにして、パン粉をつけて油で焼いていたものです。
ソ連時代も肉より魚が多く、私も給食で毎週、魚のメンチカツを食べていました。
なぜかいつも冷たく、あまり味がなく、私は大嫌いでしたが(笑)、
本物のヴォルガ風の魚メンチカツは美味しくて大好き。ぜひ作ってください。

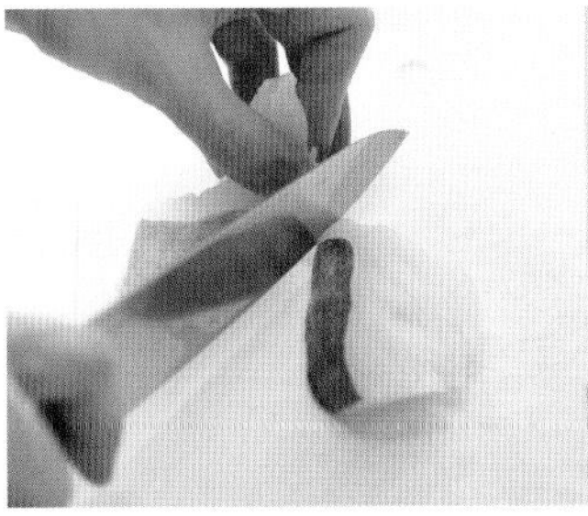

1　白身魚は皮を取り、適当に切り分け、ミキサーに入れる。パンもちぎって入れる。

2　ミキサーにかけて、ミンチ状にし、ボウルに取り出す。卵黄を入れる。

3　玉ねぎをみじん切りにし、湯に浸けて少し柔らかくする。軽く絞って、**2**に入れる。

4　ゆで卵、イタリアンパセリを刻み、**2**に入れる。塩、こしょうをして、よく混ぜる。

5　**4**を手に取り、少しフラットなメンチカツの形にする。パン粉をまぶす。

6　フライパンを火にかけ、油をひき、**5**を並べる。きつね色になったら裏返す。

7　蓋をして、弱火で7〜10分焼き、両面とも焼き色をつける。

材料　作りやすい分量

白身魚(切り身)……350g
卵黄……1個分
ゆで卵……1個
玉ねぎ……1/2個
食パンの白い部分……1枚分
塩……2〜3g
こしょう・油……各適量
イタリアンパセリ・パン粉……各適量

じゃがいものズラージ

Картофельные зразы《カルトフィルニイ・ズラジ》

ヴィタリ'S メッセージ

❖鶏むね肉はひき肉を使ってもかまいませんが、レシピのように、むね肉を包丁で切り分けたほうが食感がよく、ジューシーに仕上がるのでオススメです

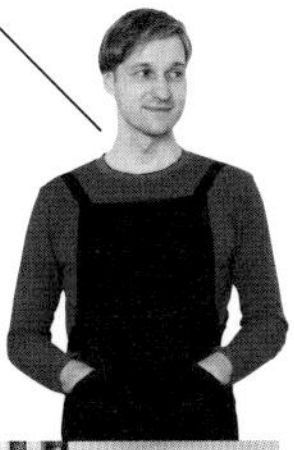

ズラージとはもともとポーランドで人気の、肉で中身を巻いた料理。
じゃがいも料理で有名なベラルーシを経由してロシアに伝わるころには、
オリジナルと逆に肉は詰め物になり、じゃがいもで包む料理になりました。
さまざまな詰め物がありますが、私は鶏肉ときのこが好き。
冷めても美味しいので、お弁当にも向きます。

1 詰め物を作る。鶏肉を冷水で洗って水分を拭き取り、1cm角に切る。

2 玉ねぎ、きのこ、イタリアンパセリも細かく切り、**1**と一緒にフライパンに入れる。

3 塩、こしょうをふり、中火にかけ、混ぜながらうっすらきつね色になるまで炒める。

4 生地を作る。マッシュポテトを作るようにじゃがいもをゆでてつぶし(→p.15)、残りの材料をよく混ぜる。

5 生地を手のひらにのせ、スプーンで軽く押してくぼみを作り、詰め物をのせる。

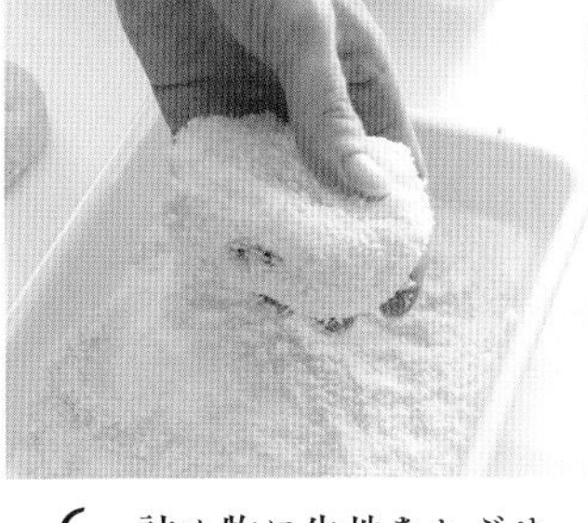

6 詰め物に生地をかぶせて包み、コロッケ形に整え、表面にパン粉をつける。

7 フライパンに油をひき**6**を並べ、中火でところどころ焼き色がつくまで焼く。

材料 4個分

生地

- じゃがいも……300g
- 卵黄……1個分
- 小麦粉……20g
- バター(食塩不使用)……15g
- 塩……1〜2g
- こしょう・ナツメグ(あれば)……各少量

詰め物

- 鶏むね肉……150g
- きのこ(ここではマッシュルーム)……50g
- 玉ねぎ……1/2個
- イタリアンパセリの葉……2〜3本分
- 塩・こしょう……各少量

パン粉・油……各適量

ロシア海軍風のマカロニ

Макароны по-флотски《マカロニ・パ・フロトゥスキ》

ヴィタリ's メッセージ

❖作り方**7**で水分が足りないようなら、**6**の牛肉のゆで汁を少し(大さじ5〜6)加えてください。
❖私が幼いころ、父の長期出張についていくと、よくこの料理を作ってくれました。簡単に作れて、子供も大好きな味です。

19世紀の終わり、ロシア帝国海軍のために作られたレシピで、ハードワークのあとの食事に、この料理を出すのが慣習でした。当時、マカロニやパスタは希少で、労働への感謝の意も込められていました。ソ連時代にはパスタが大量生産され、使う材料も少なくてすむので、時間がないときの家庭料理としてよく作られるようになりました。

1 牛肉を冷水でよく洗い、水気を拭き取り、適当な大きさに切り分ける。

2 鍋に**1**、湯(600〜800㎖)を入れて強火にかける。アクを取り、塩5〜6g、黒こしょう、ローリエを入れる。

3 蓋をして弱火で15〜30分ほどゆでる。写真はゆで終わり。ゆで汁をとっておく。

4 玉ねぎをみじん切りにする。フライパンを火にかけ、油をひき、玉ねぎを薄いあめ色になるくらい炒める。

5 ミキサーに**3**の肉とゆで汁大さじ2、**4**、塩2〜3g、こしょうを入れ、1〜2秒回す。細かくしすぎないように注意。

6 マカロニを少し柔らかくなるまでゆで、湯をきる。**3**の肉のゆで汁に入れ、アルデンテに煮て取り出す。

7 フライパンを弱火にかけ、**5**と**6**を炒める。塩で味をととのえ、1分ほど炒めてチリペッパーを加える。ねぎを散らす。

材料 2人分

牛肉……150g
マカロニ……約75g(ゆでたもの200g)
玉ねぎ……1/2個
塩……適量
黒こしょう(粒)……7〜8粒(お好みで)
ローリエ……1枚
こしょう・チリペッパー・青ねぎ(小口切り)……各適量
キャノーラ油……大さじ1と1/2

サーモンと野菜の蒸し煮

Рыба под овощным маринадом《リバ・パドゥ・アヴァシュニム・マリナダム》

もともとは東ロシアの料理ですが、美味しくて簡単に作れるので、
ロシア全土で人気になりました。ソ連時代は新鮮な魚は手に入らず、
冷凍食品の味のない魚ばかりでしたが、このレシピのおかげで、
どんな魚でも美味しく食べられるようになりました!
もちろん、美味しい魚で作ったら最高の料理になりますよ。

1 生鮭の皮を引き、ひと口大に切る。

2 玉ねぎを薄切りにする。にんじんは粗くおろす。

3 **1**に小麦粉を薄くまぶす。フライパンを火にかけ、油をひき、鮭の両面を軽く焼き、取り出す。

4 別のフライパンに油を少量ひき、**2**の半量を入れて軽く炒める。**3**をのせる。

5 **2**の残りを魚の上全体にのせる。蓋をして2〜3分焼く。

6 パプリカのへたと種を取り、トマトのへたも取り、それぞれ果肉を粗くおろす。皮は使わない。

7 **6**に塩、こしょう、トマトペーストとハーブをよく混ぜ、**5**にかける。沸かして蓋をし、弱火で20〜25分蒸し煮にする。

材料 作りやすい分量

生鮭(切り身)*……600g
パプリカ……1個
トマト……1個
にんじん……1本
玉ねぎ……1個
トマトペースト……5g
塩……少量
こしょう・キャノーラ油……各適量
お好みのハーブ(タイム、ディルがオススメ)・小麦粉……各適量

*ますを使っても美味しい。

サーモンのマスタードソース、オーブン焼き

Рыба в горчичном соусе《リバ・ヴ・ガルチチナム・ソウセ》

私の大好きな魚料理から、19世紀の料理本にも載っているレシピをご紹介。
赤い魚——ますでもサーモンでも、とても美味しく作れます。
塩、こしょう、レモンでマリネして下味をつけてから焼くのがポイントで、
ロシアではよく、この料理をご飯にのせて食べます。
ほかにも、ゆでたじゃがいもをつけ合わせにして食べることも多いです。

材料 2~3人分

生鮭（切り身）……500g
レモン……1/2～1個
玉ねぎ……1個
白ワイン……100mℓ
ブイヨン*……100mℓ
生クリーム……100mℓ
粒マスタード……5g
小麦粉（薄力粉）……7g
塩・こしょう……各適量
ディルの葉……適量
キャノーラ油
……大さじ1と1/2

*市販の固形ブイヨン1個を湯に溶かしたもの。

1 生鮭を適宜切り、塩、こしょうを両面にふり、レモンを絞る。ラップをし、冷蔵庫で30分マリネする。

2 フライパンを火にかけて油をひき、**1**を焼く。色が変わり、軽く焼き色がついたら耐熱皿に並べる。

3 玉ねぎをみじん切りにし、**2**のフライパンに入れて、白ワインを注ぎ、煮詰める。

4 ワインが半量になったら粒マスタード、ブイヨン、塩、こしょうを入れてなじませ、生クリームを加えて温める。

5 軽く沸いたら、ボウルに入れた小麦粉に**4**を少量入れて溶き混ぜ、フライパンに戻す。

6 よく混ぜてとろみをつける。オーブンを180℃に予熱する。

7 **2**に**6**をかける。ディルの葉をのせ、180℃で20分焼く。

STAUB
STAUB

そばの実入りミートボール

Тефтели с гречей《ティフテリ・ス・グレチイ》

ミートボール料理は多くの国で作られていますが、この料理は、
ひき肉に米やそばの実のような粒、細かくした野菜を混ぜるのが特徴です。
バルカン半島で人気になり、オーストリア経由でロシアに伝わりました。
作り方はいたって簡単！ 肉だねに小麦粉をまぶして耐熱皿に入れ、
ソースを注ぎ、オーブンで焼くだけ。鍋を使わず、ひと皿の中で完成します。

1　そばの実を、少量の塩（分量外）を入れた湯で袋の通りにゆでる。ざるに上げ、少し冷ます。

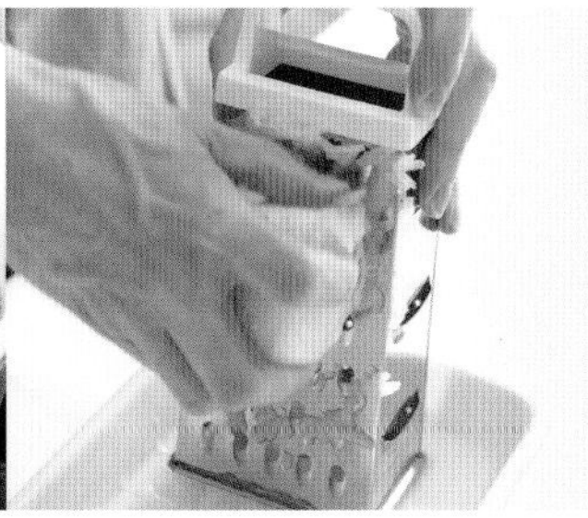

2　玉ねぎを粗くおろし、余分な汁気を絞る。

3　ボウルに牛ひき肉、卵、**2**の玉ねぎ、塩、こしょうを入れ、よく混ぜる。

4　**1**のそばの実を加え、よく混ぜる。肉だねのでき上がり。

5　肉だねを直径5cmぐらいに丸め、小麦粉をまぶし、オーブン対応皿に入れる。

6　ブイヨン、トマトペースト、ハーブミックス、生クリームを混ぜる。オーブンを180℃に予熱する。

7　**5**に**6**を入れ、皿ごと天板にのせる。180℃で30分焼く。イタリアンパセリをのせる。

材料 2~3人分

- 牛ひき肉……250g
- そばの実……60g
- 玉ねぎ……1個
- 卵……1個
- ブイヨン*……140mℓ
- トマトペースト……20g
- 生クリーム……20mℓ
- 塩……1.5g
- こしょう・小麦粉（薄力粉）・ドライハーブミックス・イタリアンパセリ……各適量

*市販の固形ブイヨン1個を湯で溶かしたもの。

ソリャーンカ

Солянка《サリャンカ》

15世紀から作られている料理ですが、当時は残り物の材料で作られ、「寄せ集めのソリャーンカ」と呼ばれるほどでした。
19世紀にじゃがいもやオリーブが入ってレストランメニューになり、ロシア革命後、再び家庭料理として人気になりました。
食肉加工品は組み合わせによって味わいが変わるので、それも楽しんで。

ヴィタリ's メッセージ

❖食肉加工品やオリーブから塩分が出るので、最後に味をみて、塩加減をととのえましょう。
❖ハムのようにあっさりした材料は、軽く炒めてからスープに加えると味わい深くなります。
❖サワークリームを塗った黒パンと一緒に食べるのがオススメ。

1 牛肉を角切りにし、鍋に入れて湯を注ぎ、強火にかける。アクを取って蓋をし、弱火で15分ほどゆでる。

2 玉ねぎとにんじんを粗みじん切りにする。フライパンを火にかけて油をひき、しんなりするまで炒める。

3 ピクルスを輪切りにし、**2**のフライパンに入れて混ぜる。

4 トマトペースト、ピクルスの漬け汁50mℓほどを入れ、弱火で5分ほど炒める。

5 **1**の鍋に**4**を加える。

6 オリーブを輪切りに、食肉加工品を1cmほどの角切りにし、**5**に加え、蓋をして弱火で25分ほど煮る。

7 塩、こしょうで味をととのえ、火を止め、レモン、ちぎったハーブを入れ、蓋をして5〜7分休ませる。

材料 作りやすい分量

- 牛肉……150g
- お好みの食肉加工品（ソーセージ、ハム、スモーク鴨肉、燻製品など）……300g
- 玉ねぎ……1個
- にんじん……1本
- ピクルス……1瓶（正味185g）
- グリーンオリーブ（種なし）……8粒ほど
- 湯……1ℓ
- トマトペースト……15g
- 塩・こしょう……各適量
- レモン（半月の薄切り）……2切れ
- ハーブ（イタリアンパセリやディルなど）……各適量
- キャノーラ油……大さじ1と1/2

知っていますか？

ロシアの文化

休暇は「ダーチャ」で楽しみます

「Дача」(ダーチャ)という単語は、動詞「давать」(ダヴァティ)(あげる／くれる)から形成されました。「誰かにもらった／誰かにあげたもの」の意味です。

元来ダーチャは、できたばかりのサンクトペテルブルクの街の周りの土地を開発するために、ピョートル1世が、偉功のある家来たちに与えた田舎の屋敷のことでした。数百ヘクタールもあり、パレスのような家屋のある、広い地所でした。しかし「ダーチャ」という言葉は、「郊外の一時的な住居」の意味のロシア語となりました。

19世紀の初めごろから、現在に近い「サマー・ハウス」の意味になりました。100年以上もの間、屋敷のようなダーチャは貴族だけの特権でしたが、19世紀の終わりから、平民も小さいダーチャを借りられることになりました。サンクトペテルブルクやモスクワは、だんだん大都会になり、夏には自然の近くに行きたいという人も増えました。

ソ連時代のダーチャは、何よりも園芸の場所になりました。家庭でじゃがいも、きゅうり、いちごなどを作りながら、週末や夏休みを過ごすことになりました。しかし土地は600〜800㎡と小さくなり、建物の大きさや形を制限されたため、小さい家と菜園を作るぐらいしかできませんでした。

1980年代から制限が緩和され、昔のように、広い土地に大きい別荘も作られるようになってきました。

21世紀初めの統計では、ロシアの人口の42%はダーチャを持っているそうです。今は本来のサマー・ハウスのような意味に戻って、郊外で週末や夏休みを過ごす場所になっています。とくにロシアの南のほうには、一年中ダーチャに住んでいる人もいます。

ユシュマノフ家のダーチャ。子供のころから、私もよくダーチャで過ごしました。写真の少年は、4歳のころの私です。

5 お菓子とパン

シールニキ

Сырники《シルニキ》

ロシア人なら誰もが子供のころから知っている、とても伝統的なおやつです。日本では〝焼きチーズ〟として紹介されることもあります。

このおやつの主役は、カッテージチーズ。ロシアでは「Творог/トゥヴァローク」といい、牛乳を凝固させてたんぱく質を絞ったフレッシュチーズのひとつで、毎日食べるほど一般的な食品です。分量が細かく1グラム単位になっているのは、ソ連時代のGOST規格(=標準規格)レシピだからです。ただ、今の私には少し甘すぎるので、砂糖の分量を少し控えてアレンジしています。

トゥヴァロークの由来についてはふたつの通説があります。ひとつは古代ローマ時代、砂漠の旅で牛乳を運搬した際、偶然にできたフレッシュチーズが美味しく、この偶然が始まりという説。ふたつ目はスラヴ系に起源を持つ食品という説です。スラヴ民族の牧畜業は大部分が酪農で、牛乳が貴重とされていたため、牛乳や乳酸菌を生かした食品、料理が数多くあったのです。

ロシア語でチーズは「Сыр/シール」といいます。これは「生のもの」の意味で、シールニキは「チーズから作ったもの」という意味。

ロシアで大昔から知られているおやつで、今はレーズンを入れて焼きます。私の家ではとくに、週末の朝食に作っていました。作り方は簡単。材料を混ぜて、焼くだけ。ジャムや練乳をかけて、食卓に並べます。素敵な朝になりますよ。

シールニキの作り方

Сырники

1　レーズンを湯に浸し、少し柔らかくする。

2　ボウルにカッテージチーズ、小麦粉、溶き卵、砂糖を入れる。

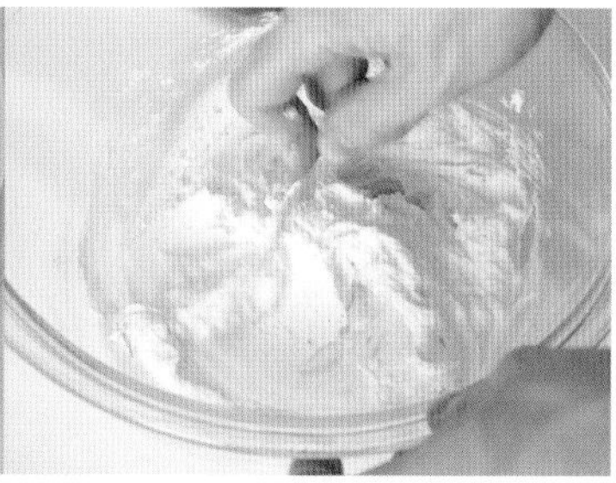

3　砂糖が溶けるまで、スプーンでよく混ぜる。

4　1のレーズンの水気を、ペーパータオルで拭き取る。

5　4を3の生地に入れ、よく混ぜる。

6　バットに小麦粉を入れ、生地を厚さ1.5cmほどのクッキー形にしながら、小麦粉をまぶす。

7　フライパンを火にかけ、バターを入れ、6を並べる。弱火から中火ぐらいの火加減で焼く。

材料　作りやすい分量

生地

- カッテージチーズ（こしたタイプ*）……200g
- 小麦粉（薄力粉）……20g
- 溶き卵……14g
- 砂糖（できればブラウンシュガー）……15g
- レーズン……30g

小麦粉……適量

バター（食塩不使用）……適量

*こしたタイプが手に入らなければ、裏ごしして使う。

8 焼き色がついたら裏返す。

9 蓋をして、弱火にして5〜6分焼く。器に盛り、ジャムや練乳などを添える。

ヴィタリ's メッセージ

❖両面に焼き色をつけたあと、天板に並べ、180℃に予熱したオーブンで5〜6分焼くと、もっと美味しくなります。

❖ロシアのトゥヴァローク(カッテージチーズ)には数種類あり、シールニキには、こしたタイプが使われています。日本でもこしたタイプが市販されていますが、手に入らなければ、ブレンダーにかけるか裏ごしして、大きなダマをなくしたほうが、本場の味に近づけることができます。

❖焼きたての熱いままでも、冷めても美味しいです。

知っていますか?

ロシアの文化

〝ロシア風〟の紅茶の飲み方について

ロシア人は「お茶」というと紅茶です。「茶」は17世紀初めに中国からロシアに伝わりましたが、初めは薬として飲んでいました。

18世紀になると、高価で珍しいものとして、ロシアのエリート(貴族、巨商、トップの聖職者)だけが飲むようになりました。その後、値段も下がって平民も飲めるようになり、19世紀には皇帝から農民までお茶を飲むようになりました。当初は日本やイギリスのようなマナーはありませんでしたが、19世紀までにロシア流のエチケットや飲み方ができました。今はだいぶ忘れられてきましたが。

最初のお茶の伝統は、18世紀末。貴族はアフタヌーンティーを少しアレンジしたイギリスのトラディションを取り入れました。美しくセットされたテーブルで、磁器のカップからミルクティーなどを飲みました。ロシア風の茶会(サモワールでお湯を沸かす。ジャム、はちみつ、さまざまなお菓子、ピロシキ、パイ、フルーツなどを供し、ソーサからお茶を飲むこと)は、巨商たちが自分の富を見せる慣習から生まれました。巨商の茶会は長く、一度に10杯以上のお茶を飲みました。初めに急須でとても濃いお茶を作り、好みに合わせてサモワールのお湯で薄めて飲みました。サモワールに代わり電気ケトルになっても、この飲み方は今も人気です。

ちなみにサモワールのようなものは、中国にも古代ギリシャにもありましたが、ロシアで広く使うようになり、国家のシンボルのひとつになりました。

普段、ロシアの家庭では一日に少なくとも2〜3回はお茶を飲みます。食事や祝宴のあとで、焼き菓子、フルーツ、ジャムなどのデザートに合わせますが、アフタヌーンティーに近い感じでも飲みます。好みで砂糖、レモン、はちみつなどをお茶に入れます。ジャムは白パンに塗って食べますが、私の祖母の世代の人は、たまにジャムをお茶に入れることがあり、この飲み方はなぜか日本では「ロシア風」になってしまいました。

本当の昔のロシア風は(祖母もこの習慣がありますが)、2cmぐらいのキューブ形の砂糖をかじりながらお茶を飲みます。20世紀前半までは砂糖の供給が少なく、値段も高かったので、お茶を飲みながら甘さを少しずつ楽しめるように、そんな食べ方をしていました。

ロシアでは食事の最後に飲むお茶が、ゆっくりリラックスして、楽しく会話する時間になっています。客人に(押し掛け客でも)、とくに寒いときにお茶を出すのは、日本と同じように歓待の印ですが、お茶のいれ方は少し違います。客人に帰ってほしくないことを示すために、お茶をたっぷりカップに注ぐのです。

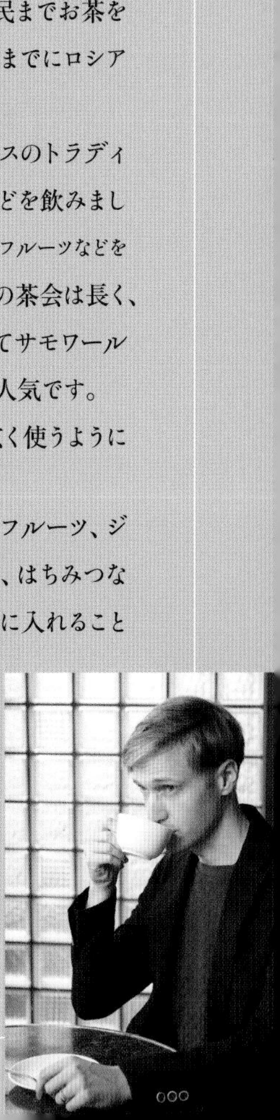

ハニーケーキ ――熊の喜び――

Медовик“Медвежья радость”《ミダヴィク「ミドゥヴェジュヤ・ラダスティ」》

生地をレイヤーに重ねて、間にクリームをたっぷりと挟む、ロシアのオリジナルケーキです。名刺代わりともいえるロシアを代表するお菓子で、その点でも人気が高く、ロシアでのお菓子名「メドヴィク」にちなみ、「メドヴィク祭り」というお祭りがあるほどです。

砂糖とはちみつの配合など、レシピにはさまざまなバリエーションがあります。お菓子屋さんでは生地を1枚ずつ焼きますが、4回焼かなくてはならないので、私はいつも1枚の生地を切り分けて使います。もともとは家庭で作りやすくするための工夫ですが、じつはそれが、このお菓子がもっと美味しくなる秘訣ではないかと思っています。生地のぼこぼこした断面にクリームを塗ることで、生地にしみ込んでしっとりするのです！　皆さまもぜひ作ってみてください。〝熊の喜び〟は、〝はちみつ好きの熊が喜ぶほどおいしい〟ことをイメージして、私がこんな日本名をつけました。

生クリームとヨーグルトを混ぜたクリームは、軽やかで少し酸味があって、とても美味しいです。ヨーグルトの代わりにサワークリームで作っても美味しいですが、少し濃厚な味わいになります。ひと晩冷蔵庫で冷やして、落ち着かせてから召し上がってください。最近はロシアの有名シェフもこのお菓子を作っているようですが、自分の好きなレシピで手作りするのが、何より一番美味しいですね！

ハニーケーキ―熊の喜び―の作り方

Медовик“Медвежья радость”

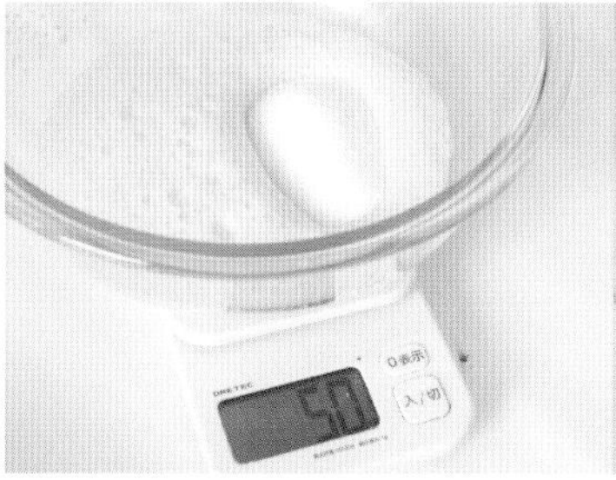

1 生地を作る。ハンドミキサーで卵を泡立て、少し白くなったら砂糖、バニラエッセンスを加える。

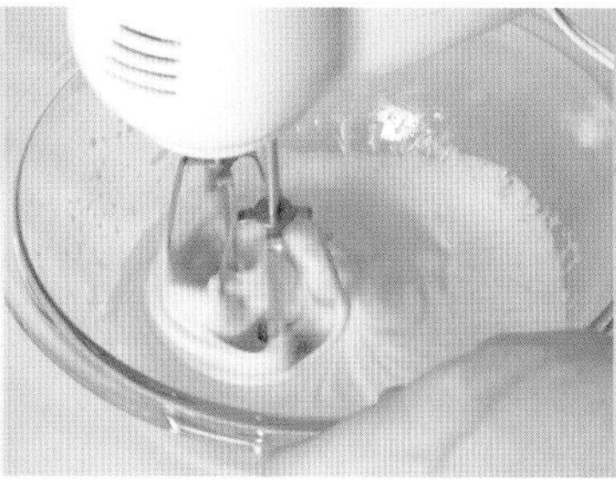

2 さらに泡立て、よく混ざったらはちみつを加え、はちみつが溶けるまでさらに泡立てる。

3 粉類を軽く混ぜ、**2**に半量ふるって入れる。粉っぽさがなくなるまで混ぜる。

4 残りの粉類をふるって入れ、同様に混ぜる。生地のでき上がり。オーブンを180℃に予熱する。

5 オーブンシートで型紙を作り、型に敷く。生地を流し入れる。型の端まで生地を行きわたらせる。

6 180℃のオーブンで15〜20分焼く。型紙ごと取り出し、冷ます。

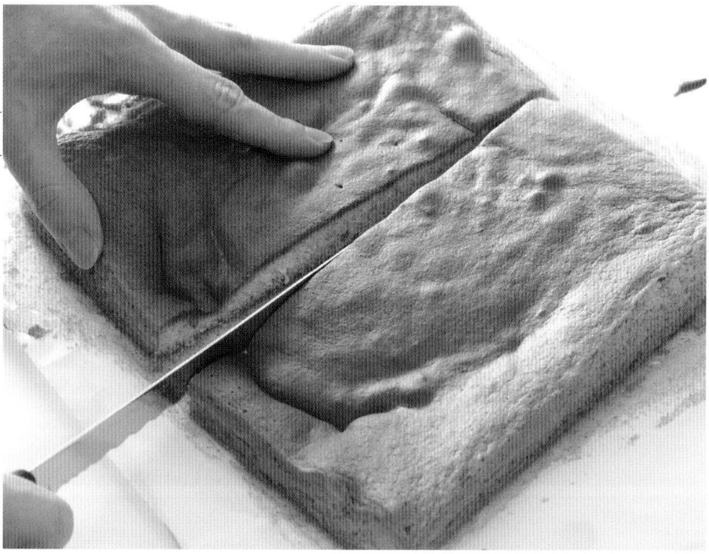

7 生地を切る。型紙をはがし、縦半分に切る。端を切り落とす。

材料 22cm×22cm×6cmの型1台分

生地

粉類
- 小麦粉（薄力粉）……100g
- コーンスターチ……15g
- 塩……1g
- ベーキングパウダー……7g

溶き卵……1と1/2個分
砂糖……50g
はちみつ……50g
バニラエッセンス……8滴

クリーム

生クリーム……100mℓ
プレーンヨーグルト（無糖。またはサワークリーム）……30g
練乳……30g

8 ひと切れの厚みを半分に切る。これで、生地4枚と切り落としができる。

9 クリームを作る。ボウルに生クリームを入れ、筋ができるまでしっかり泡立てる。

10 ヨーグルト、練乳を入れてよく混ぜ、なめらかなクリームにする。

11 組み立てる。薄いまな板の上に生地1枚を、焼き面を下にして置く。クリームを上全体に塗る。

12 生地1枚を、焼き面を下にして重ね、クリームを塗る。これをくり返し、4枚重ねる。

13 切り落としを粗くおろす。

14 **12**の表面に**13**をまぶす。

15 全体にまぶし、ラップをかぶせ、冷蔵庫で3時間以上(できればひと晩)冷やし、落ち着かせる。

ソ連なつかしのミルククッキー

Молочный коржик《マロチニイ・コルジキ》

私が小学生のころ、ほぼ毎日、おやつの時間はこのクッキーと
牛乳でした。学校の近くにあるパン屋さんで売られていたのです。
今も時々、あの幸せな子供時代を思い出すために、ミルククッキーを焼きます。
ポイントは、クッキーがかたくなりすぎないよう、焼き時間を調整すること。
焼き色がつきそうになったら、アルミ箔をかぶせてください。

ヴィタリ's メッセージ

❖オーブンには焼き上がりに個体差があります。ガスと電気でも違うので、様子を見ながらレシピに書いた時間よりも早く取り出しましょう。焼きすぎてかたくなったり、焼き色がついたりしないように注意しましょう。

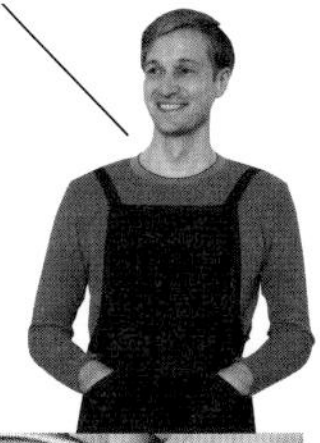

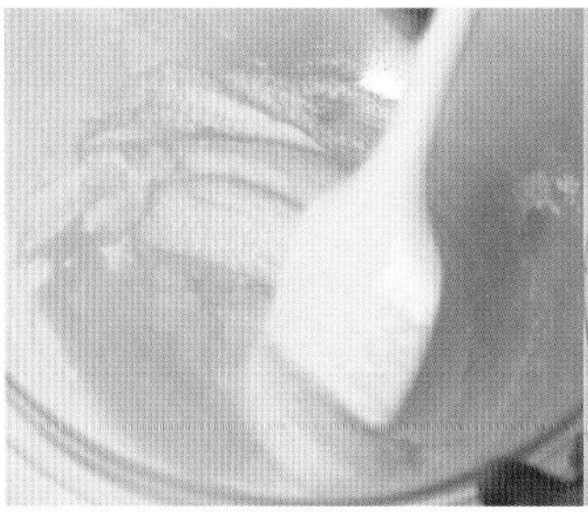

1　バターと牛乳は常温にもどす。バターと砂糖をボウルに入れ、白っぽくなるまでよく混ぜる。

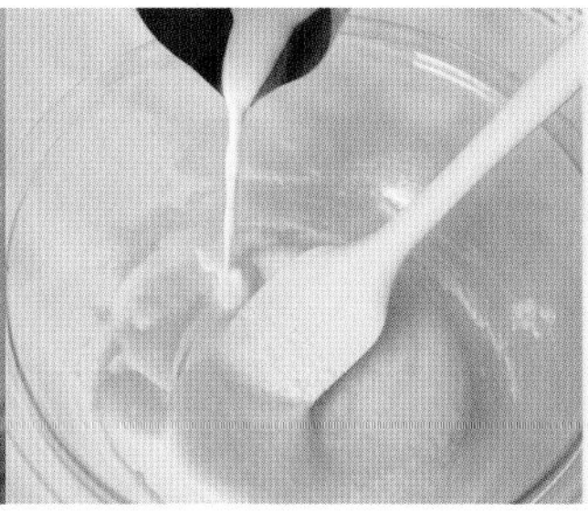

2　**1**に卵、バニラエッセンスを入れ、よく混ぜる。牛乳を加え、よく混ぜ合わせる。

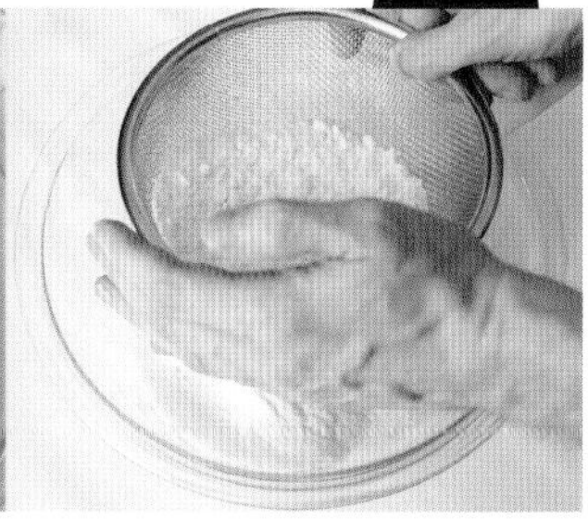

3　粉類をふるいながら**2**に入れ、よく混ぜる。

4　粉っぽさがなくなり、ひとまとまりになったら混ぜ終わり。オーブンを180℃に予熱する。

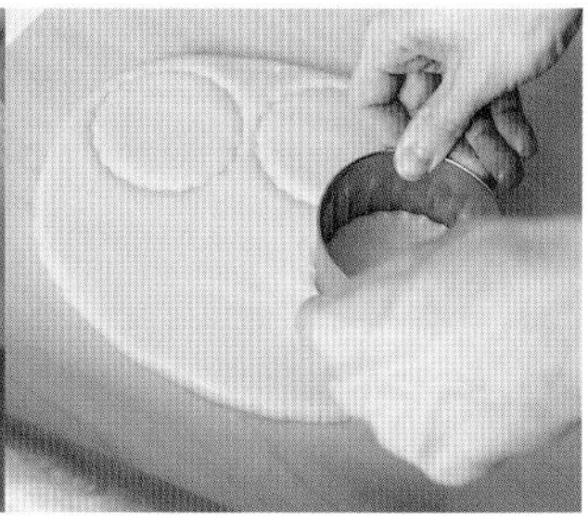

5　ボードに**4**の生地を取り出し、麺棒で厚さ6〜7mmにのばし、直径8cmのクッキー型でぬく。

6　天板にオーブンシートを敷き、**5**を並べる。柔らかいのでフライ返しで生地をすくってのせるとよい。

7　180℃のオーブンで15分焼く。焼き色がつきそうになったら、アルミ箔をかぶせる。

材料　7~8個分

粉類

- 小麦粉（薄力粉）……211g
- ベーキングパウダー……2g

バター（食塩不使用）……48g
砂糖……90g
溶き卵……11g
牛乳……38㎖
バニラエッセンス……6滴

ピーナッツトッピングクッキー

Песочное кольцо с орехами《ピソチナエ・カルツォ・ス・アレハミ》

このクッキーも、ソビエト連邦の公認レシピ(GOST)からご紹介。
ソ連では、なぜかクッキーは本当に美味しく、種類豊富でした。
1991年にロシアになってから、売られていたクッキーの味が変わってしまい、
自分で作るしかないと思い、レシピを調べて10年前から作っています。
ピーナッツの食感と香りのいい、なつかしい味わいのクッキーです。

1 バターを常温にもどす。ボウルにバターと砂糖を入れ、白っぽくなるまで混ぜる。

2 卵を入れて、よく混ぜる。

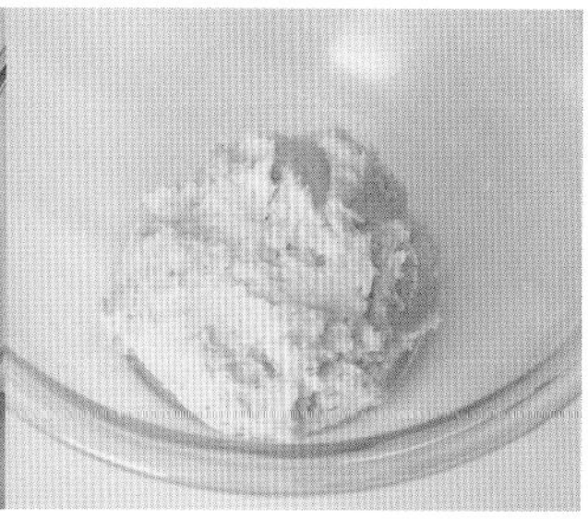

3 粉類をふるいながら入れ、粉っぽさがなくなるまで混ぜる。ラップをし、冷蔵庫で40分ほど冷やす。

4 ピーナッツを細かく切る。オーブンを190℃に予熱する。

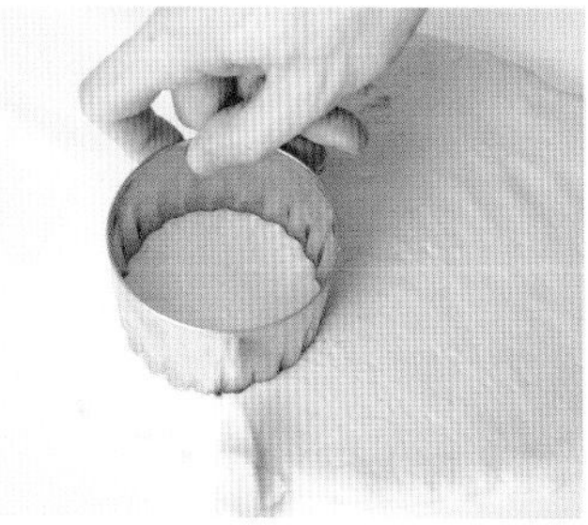

5 ボードに生地を出し、麺棒で厚さ6〜7mmにのばし、クッキーの形にぬく。

6 天板にオーブンシートを敷き、**5**をのせ、中央を丸くぬく。

7 卵白を泡立てて塗り、ピーナッツをつける。190℃のオーブンで15分焼く。

材料 8個分

<u>粉類</u>

- 小麦粉(薄力粉)……188g
- 塩……1g
- ベーキングパウダー……1g

バター(食塩不使用)……100g
砂糖……60g
卵……1個
ピーナッツ……50g
卵白……適量

クラビエ

Печенье “Курабье”《ピチェニエ「クラビエ」》

ロシアには190もの民族が住み、東洋からも影響を受けています。
このクッキーもクリミア・タタール料理の伝統菓子。
「オリエンタルのお菓子」といわれ、小さいころから、
『千夜一夜物語』のロマンチックな雰囲気がありました。
卵は卵白だけを使うのが特徴で、味わいも食感も軽やかです。

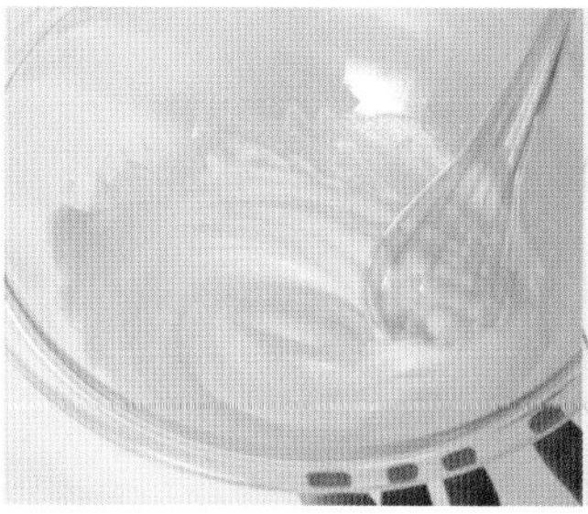

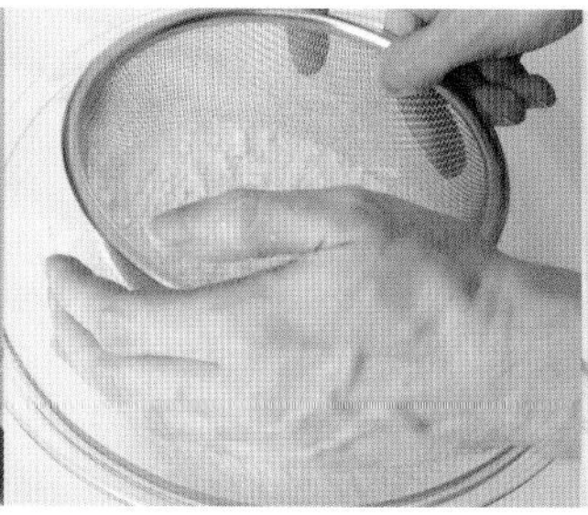

1 バターを常温にもどす。ボウルにバターと粉砂糖を入れ、白っぽくなるまで混ぜる。

2 **1**に卵白、バニラエッセンスを入れてよく混ぜ、粉類をふるいながら入れる。

3 粉っぽさがなくなるまでよく混ぜる。生地のでき上がり。オーブンを200℃に予熱する。

4 絞り袋に10号の口金をつけ、**3**を入れる。天板にオーブンシートを敷き、直径3.5cmほどに絞り出す。

5 真ん中を指先で軽く押してくぼみを作り、ジャムをのせる。

6 200℃のオーブンで12分焼く。

材料 17~18個分

粉類
- 小麦粉(薄力粉)……140g
- ベーキングパウダー……1g

バター(食塩不使用)……90g
粉砂糖*……40g
卵白……1個分
バニラエッセンス……数滴
アプリコットジャム……適量

*砂糖100%の純粉糖を使う。

カルジーナチキ

Корзиночки《カルジナチキ》

子供のころ、誕生日に父がいつも作ってくれた、思い出のお菓子です。
「カルジーナチキ」とは、小さいバスケットの意味で、
生地の軽くサクサクとした食感を生み出す秘密の材料は、ゆで卵の黄身!
柔らかいクリーム、たっぷりのジャムと一緒にほおばる、繊細なお菓子です。
初めて父を手伝ってこれを作ったのは5歳。これが私の料理研究の始まりです。

1 生地を作る。ゆで卵の黄身をフォークでつぶし、スプーンで砂糖とよくすり混ぜる。

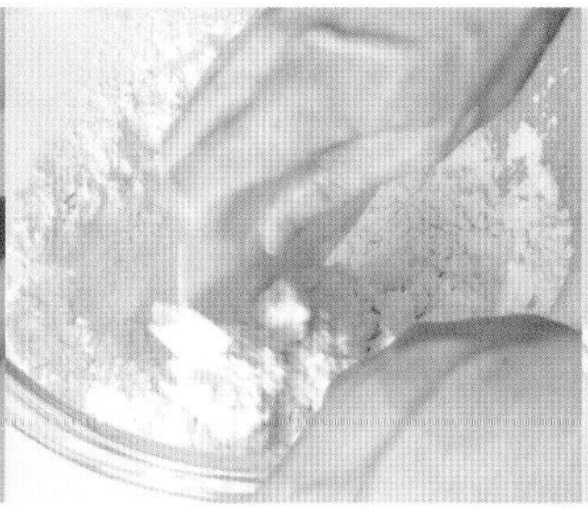

2 バターを細かく切り、ボウルに入れる。小麦粉も入れ、カードでよく切り混ぜる。**1**を加える。

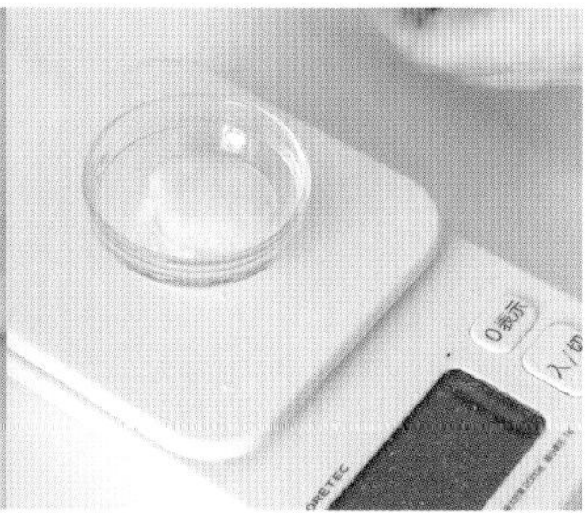

3 小ボウルに重曹と白ワインビネガーを入れ、泡が出たらすぐに**2**のボウルに加える。

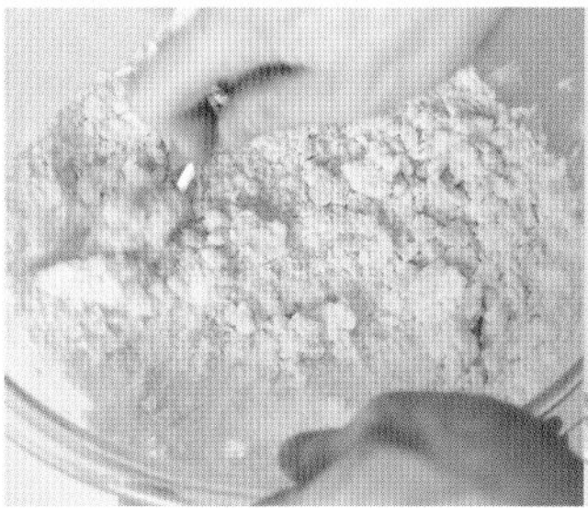

4 カードで切り混ぜる。

5 さらに手でこねて、ひとかたまりにする。オーブンを210℃に予熱する。

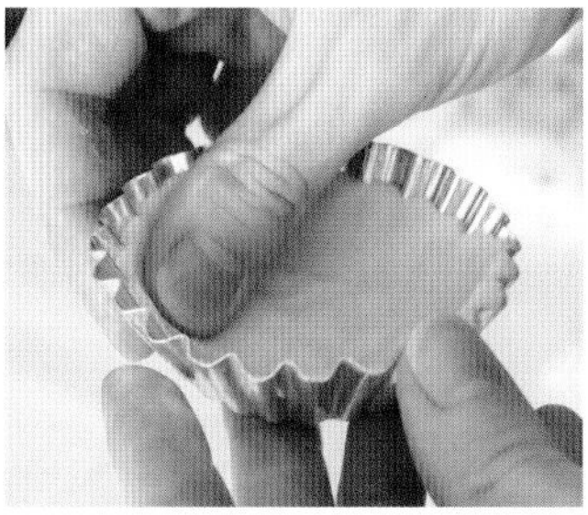

6 **5**を約15gずつに分けて丸め、手でできるだけ薄くのばしながら型に貼りつける。

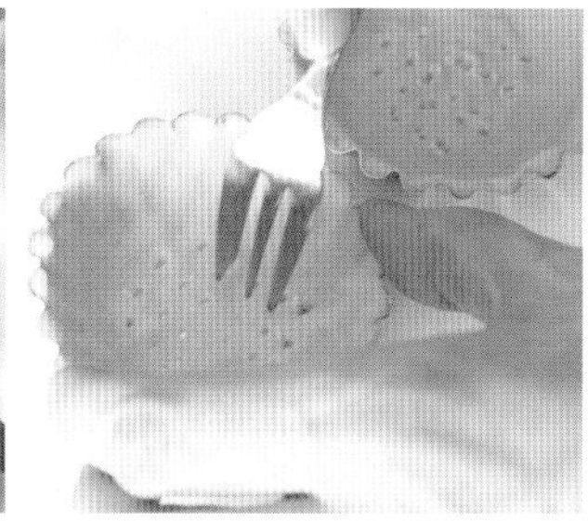

7 たっぷりジャムを入れたい場合は、フォークで軽く穴をあけてもよい。

材料 直径7cmのタルト型15個分

生地

- 小麦粉……160g
- 冷たいバター(食塩不使用)……75g
- 砂糖……35g
- 温かいゆで卵の黄身……15g
- 重曹……1.5g
- 白ワインビネガー……1.5mℓ

クリーム

- 生クリーム……200mℓ
- 砂糖(または練乳)……40g

お好みのジャム*……適量

*木いちご、ブルーベリージャムがオススメ!

118ページに続く

8 天板にのせ、180℃で10分焼く。

9 取り出して、型のまま冷ます。

10 クリームを作る。生クリームを軽く泡立て、砂糖を加え、八分立てほどのなめらかな状態にする。

11 組み立てる。**9**を型からていねいにはずし、ジャムを入れる。

12 **10**のクリームを絞り袋に入れ、ジャムの上に絞り出す。

ヴィタリ's メッセージ

❖タルト生地はとても繊細なので、食べるときは下のほうを持って、ひと口でガブリ。これがオススメです。

❖タルト生地が温かい状態で取り出そうとすると崩れやすいので、冷ましてから型を逆さにして自然にはずします。でも、崩れても大丈夫。これだけ食べてもとっても美味しいです！

スイートパン生地　作り方のきほん

ロシアのおやつパンは、少し甘みのあるスイートパン。
材料の配合は少し違いますが、基本の生地の作り方は同じです。
120ページの「ヴァトゥルーシキ」、122ページの「プィシキ」、
124ページの「モスクワのスイートパン」に共通するパン生地の
作り方をご紹介します。

1　大きいボウルにドライイーストと砂糖を入れ、軽く混ぜる。

2　水分(牛乳や水)を36～37℃に温め(人肌程度)、**1**に注ぎ、混ぜる。

3　ラップをかけ、温かい場所に15分ほどおく。発酵して泡が出る。バターを常温にもどす。

4　**3**に小麦粉、バター、塩を入れ、全体に水分が行きわたるように混ぜる。

5　手で10分ほど、よくこねる。ボウルに粉などがくっつかない状態になる。

6　丸くひとまとめにし、ラップをかけて、1時間ほど温かい場所で発酵させる。

ヴァトゥルーシキ

Ватрушки《ヴァトゥルシキ》

ロシア人が大好きな、カッテージチーズを使ったこのパンは
焼きたてのまだ温かいうちに食べると、すべてのストレスが吹き飛ぶ私のセラピー料理です。
面白いことに、ロシアではレストランでの最高の賛嘆は「家庭料理のよう!」。
このパンは本当にアットホームで、やさしくて美味しい、
ロシア家庭料理の見本のような味わいです。

1 119ページを参照し生地をこね、発酵させる。軽く空気を抜いてまとめ、ラップをかけ、40分ほど同様に発酵させる。

2 トッピングを作る。バターを常温にもどす。すべての材料をよく混ぜ、冷蔵庫で少し冷やす。

3 **1**の空気を抜き、8等分して軽く丸める。ラップをかけ、20分休ませる。オーブンを200℃に予熱する。

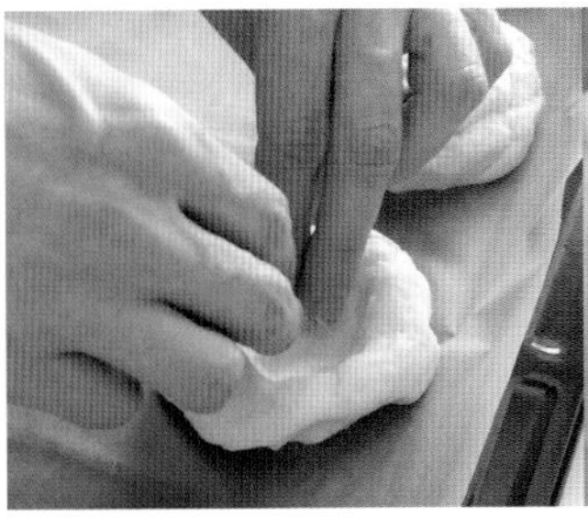

4 天板にオーブンシートを敷き、**3**の生地をのせ、真ん中を大きくくぼませる。

5 くぼみに**2**のトッピングを入れ、お玉で軽くならす。15分ほど休ませる。

6 生地に塗り卵を塗る。オーブンの下段に湯を入れた耐熱器を入れ、200℃のオーブンで20分焼く。

7 焼き色が濃くなったら、途中でアルミ箔をかぶせる。焼き上がったら、ふきんをかぶせ、冷ます。

材料 8個分

生地

- 小麦粉……200g
- ドライイースト……4g
- 砂糖……15g
- 牛乳……135mℓ
- バター(食塩不使用)……25g
- 塩……1g

トッピング

- カッテージチーズ……200g
- 卵黄……1個
- 砂糖……25g
- バター(食塩不使用)……20g
- 小麦粉……10g
- バニラエッセンス……数滴

塗り卵(卵白+牛乳を混ぜる)……少量

プィシキ

Пышки《ピシキ》

戦後、レニングラード（現サンクトペテルブルク）に生まれた人は「プィシキ」と呼び、ほかのエリアの人は「ポンチキ」（ドーナツ）と呼びます。
子供のころ、街にはプィシキ専門店があり、機械で次々と作られるのを、父と一緒にウィンドウ越しに見ていたものでした。
イーストで発酵させた生地を揚げる、揚げパンのようなものです。

1 119ページを参照し、生地をこねる。ラップをかけ、1時間ほど温かい場所で発酵させる。

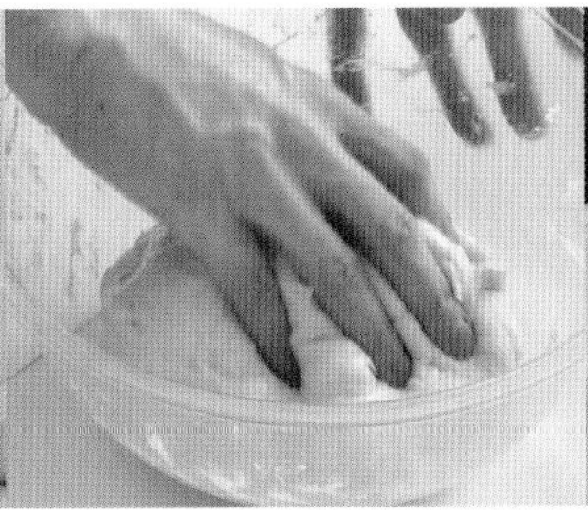

2 軽く空気を抜き、軽くこねてまとめる。指に油を少しつけると、こねやすい。

3 バットにラップを敷いて用意する。生地が柔らかいので手に油をつけ、直径5cmほどの大きさに分け、丸める。

4 3のバットに置き、指先に油をつけて真ん中を押し、軽く穴をあけておく。

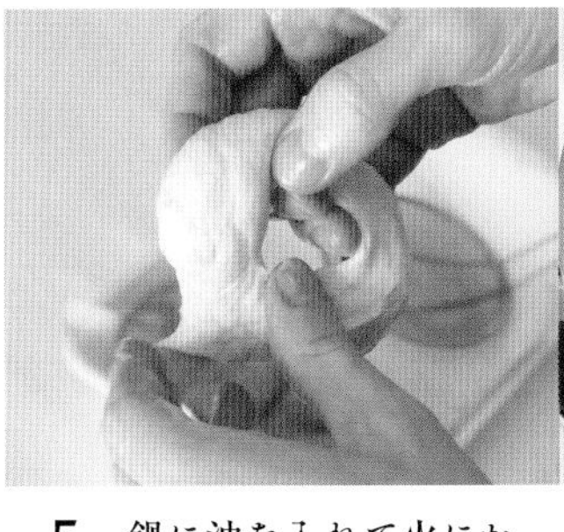

5 鍋に油を入れて火にかける。4の生地を少しのばしてドーナツ形にする。

6 油に入れ、きつね色に揚げる。ペーパータオルにのせて油をきり、粉砂糖をふる。

材料 12個分

生地

- 小麦粉……260g
- ドライイースト……4g
- 砂糖……25g
- 水……150mℓ
- バター（食塩不使用）……30g
- 卵……1個
- 塩……2g

キャノーラ油・粉砂糖……各適量

モスクワのスイートパン

Плюшки “Московские”《プリュシキ「マスコフスキエ」》

古代ロシアでは、甘いパンがよく作られ、鳥を形作って
偶像教の春を呼ぶ儀式で使われていました。
その後、現在のハート形になり、モスクワの王が大好きだったことから
当初「ツァルスカヤ/царская」(「王の」)と名づけられました。
今もこのハートの形の甘いパンは、ロシア全土で作られています。

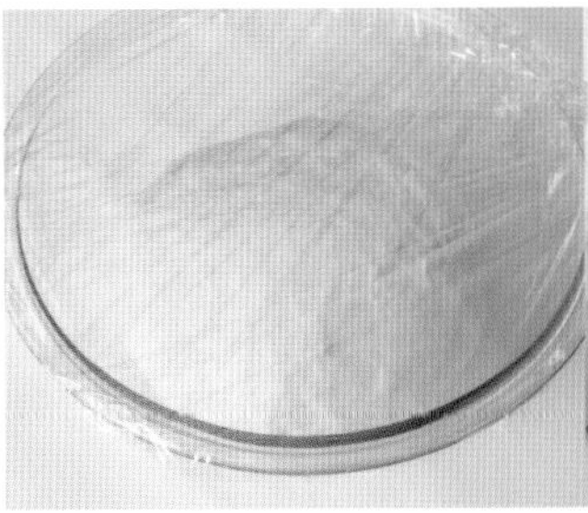

1　パン生地を作る。119ページを参照して生地をこね、ラップをかけ、1時間ほど温かい場所で発酵させる。

2　軽く空気を抜き、軽くこね、8等分にして丸める。

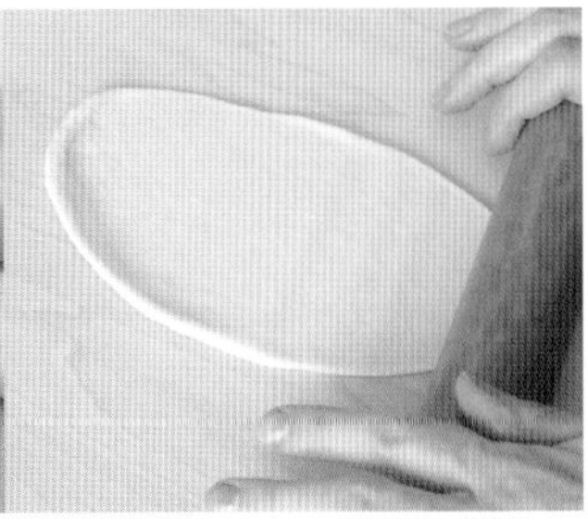

3　麺棒で縦長にのばす。

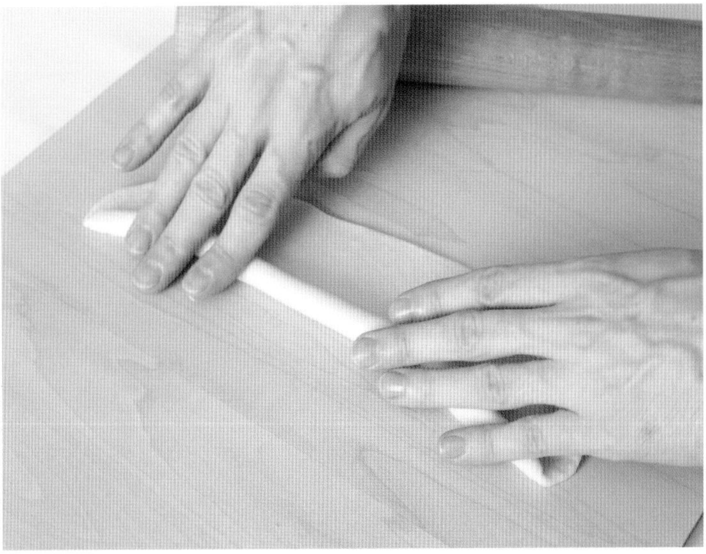

4　長いほうをくるくると巻いて棒状にする。

材料　8個分

生地

- 小麦粉……225g
- ドライイースト……4g
- 砂糖……30g
- 牛乳……125mℓ
- キャノーラ油……40〜45mℓ
- 塩……1g

溶かしバター(食塩不使用)……10g
砂糖……5g

126ページに続く

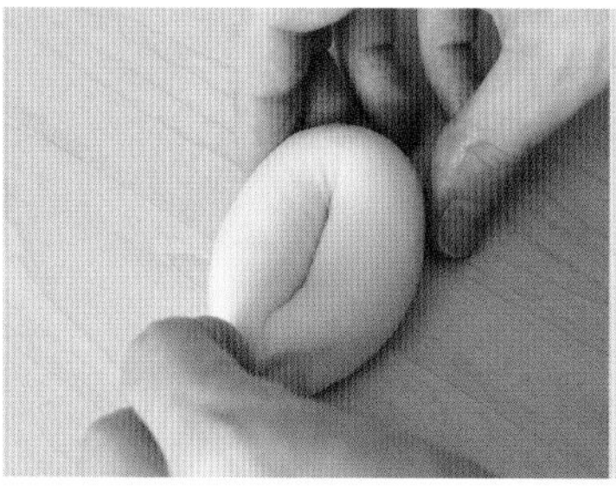

5　4の巻き終わりが輪の内側になるように端と端を合わせ、合わせ目を指で押さえる。

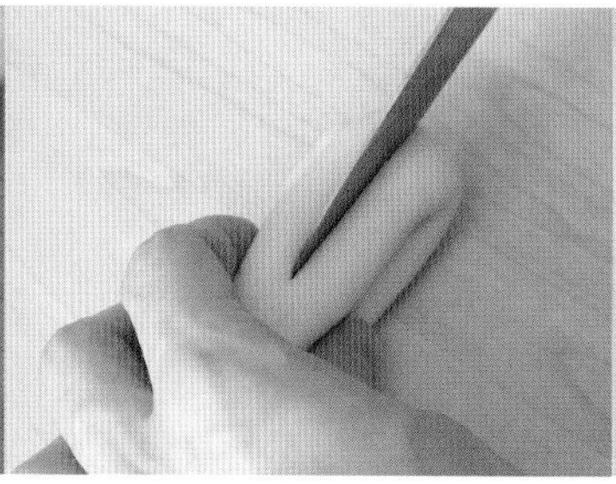

6　輪を立てて置き、端から1/3ぐらいを残し、厚みの真ん中に切り目を入れる。

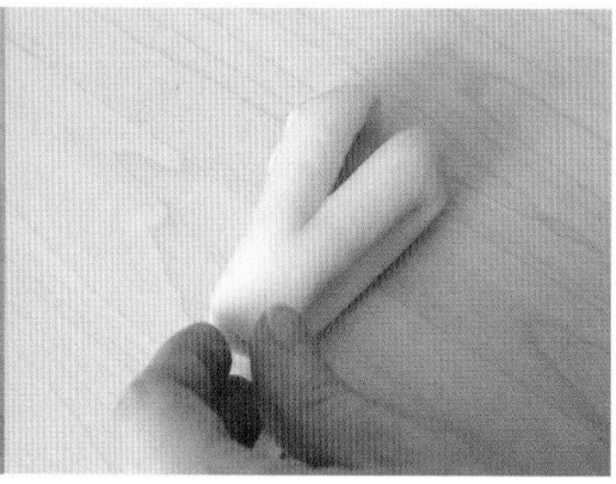

7　切り終えた状態。

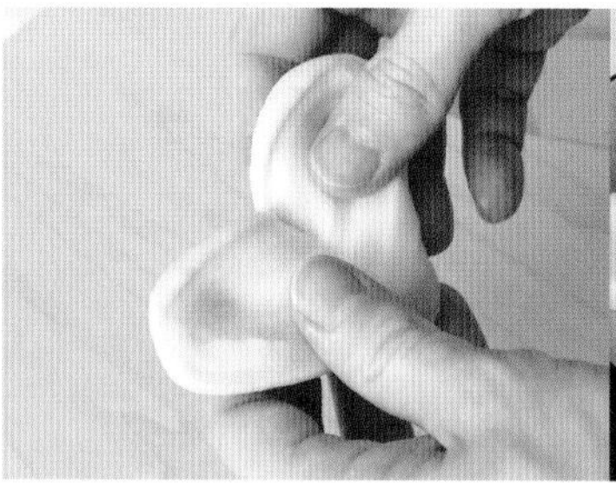

8　切り目を開く。ハートの形になる。

9　天板にオーブンシートを敷き、8を間隔をあけて並べる。溶かしバターを塗る。砂糖をふりかける。

10　20分ほどそのまま休ませる。オーブンを180℃に予熱する。

11　180℃のオーブンで25分焼く。

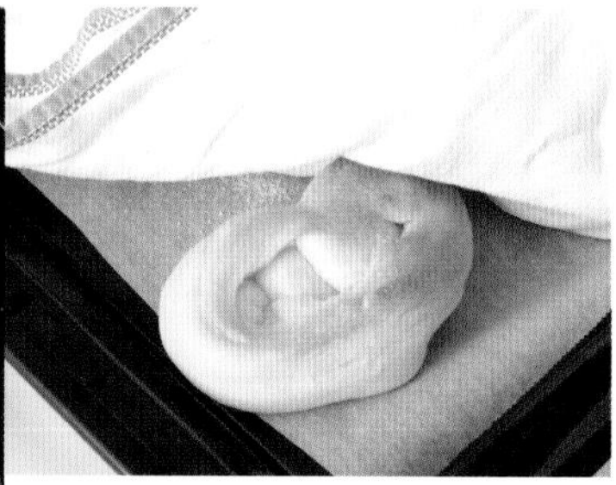

12　オーブンから取り出し、ふきんをかけて冷ます。

あとがき

この本をお読みいただき、どうもありがとうございました。
お気に召していただけることを、心より願っています。
少し遅くなりましたが、告白したいことがあります。
私はシェフ、つまり料理のプロフェッショナルではありません。
オペラ歌手ですが、15年前から毎日料理を作っています。
この本は情熱と愛を込めて書きました。
ロシアの文化・料理への愛と、今住んでいる大好きな日本への愛。
2008年に初めて日本に来たとき、ここに住んで歌うことが夢になりました。
ロシアには非常に長い歴史があり、そのぶん、文化も豊富です。
ロシア料理も独創的。
この本を書くことにした理由、そして目標は、皆さんにロシアのことをご紹介して、
ロシアをできるだけ近くに感じていただき、
少しでも「おそロシア」というイメージをなくしていただきたい、ということでした。
ロシアに興味を持っていただくだけでなく、
ロシア料理を作ってみることのお手伝いになれば、嬉しいです。
もしこの本に載せているレシピから数品でも、
ご自分の料理のレパートリーに入れてくださいましたら、
私の最高の喜びになります！
今後ともどうぞよろしくお願いいたします。

ヴィタリ

ヴィタリ・ユシュマノフ
Vitaly Yushmanov

サンクトペテルブルク生まれ。マリインスキー劇場の若い声楽家のためのアカデミーで学ぶ。ライプツィヒ音楽演劇大学を卒業。2015年春より日本に拠点を移す。びわ湖ホールオペラ、「ラ・フォル・ジュルネ・オ・ジャポン」、「東京・春・音楽祭」、NHK-FM、NHKワールド・ラジオ日本、BSテレ東、NHKワールドTV、東京芸術劇場他の全国共同プロジェクト、新国立劇場オペラなどに出演。「日本トスティ歌曲コンクール」第1位、「日伊声楽コンコルソ」第1位、「東京音楽コンクール」など、受賞多数。これまでに4枚のCDをリリース。幼いころからの料理好きが高じ、本書では〝本物のロシア料理〟を紹介。YouTube「Café Vitaly」（カフェ・ヴィタリ）でその腕を披露している。
http://vitalyyushmanov.com/

はじめてでも美味しく作れる
ロシア料理

発行日　2021年12月15日　初版第1刷発行

著者
ヴィタリ・ユシュマノフ

発行者
竹間 勉

発行
株式会社世界文化ブックス

発行・発売
株式会社世界文化社
〒102-8195
東京都千代田区九段北4-2-29
電話 03-3262-5118（編集部）
03-3262-5115（販売部）

印刷・製本
株式会社リーブルテック

ISBN 978-4-418-21320-7

staff

撮影
ローラン麻奈

デザイン
三木俊一＋髙見朋子（文京図案室）

スタイリング
岡田万喜代

DTP製作
株式会社明昌堂

校正
円水社

編集
原田敬子＋丸井富美子

撮影協力
リストランテASO
（電話 03-3770-3690）

•この本の製作秘話などを、世界文化社公式noteで順次公開します！
https://note.com/delicious_web